日本目録規則（NCR）1987年版改訂2版
第13章および第2・3章の改訂

継続資料と和古書・漢籍の組織化

日本図書館協会目録委員会編集

日本図書館協会

Continuing Resources and
CJK Early Printed Books / Manuscripts :

Proceedings of the Workshop on the Chapter 13 and 2-3 of Nippon Cataloging Rules

継続資料と和古書・漢籍の組織化 ： 日本目録規則（NCR）1987年版改訂2版第13章および第2・3章の改訂 ／ 日本図書館協会目録委員会編. － 東京 ： 日本図書館協会， 2005. － 112p ； 30cm.
ISBN4-8204-0510-1

t1. ケイゾク　シリョウ　ト　ワコショ　カンセキ　ノ　ソシキカ
a1. ニホン　トショカン　キョウカイ
s1. 資料目録法　　①014.32

目　次

継続資料と和漢古書に関する改訂：
第27期以降の目録委員会の活動について　　4
永田治樹

【第1部　継続資料について】

日本目録規則（NCR）第13章の改訂について　　8
原井直子

日本目録規則第13章改訂案について　　14
国立情報学研究所 開発・事業部 コンテンツ課

日本目録規則（NCR）第13章（継続資料）改訂案の検討　　18
渡邊隆弘

質疑・討論　　26

【第2部　和古書・漢籍について】

日本目録規則（NCR）1987版改訂2版第2・3章の改訂について　　30
増井ゆう子

日本目録規則1987年版改訂2版第2章・第3章改訂案について　　37
小坂昌

日本目録規則（NCR）1987年版改訂2版第2・3章改訂案について　　45
岡嶌偉久子

質疑・討論　　58

【付　検討会改訂案】

日本目録規則（NCR）1987年版改訂2版第13章改訂案 （2004.12.3 段階）　　62

第13章関連用語解説案 （2004.12.3 段階）　　93

日本目録規則（NCR）1987年版改訂2版第2章改訂案 抜粋 （2004.12.3 段階）　　94

日本目録規則（NCR）1987年版改訂2版第3章改訂案 （2004.12.3 段階）　　102

第2・3章関連用語解説案 （2004.12.3 段階）　　111

継続資料と和漢古書に関する改訂
第27期以降の目録委員会の活動について

永田 治樹（筑波大学大学院図書館情報メディア研究科・JLA目録委員会委員長）
NAGATA Haruki

目録をめぐる変化

「電子資料の組織化：日本目録規則（NCR）1987年版改訂版第9章の改訂とメタデータ」と称した前回の日本目録規則（NCR）検討会から、すでに5年ほどが経過した。この間、情報技術の革新や社会の情報化がさらに加速度をつけて進展しており、図書館でも新しい電子資料への対応ばかりでなく、技術革新によるサービス向上の工夫も当たり前のようになってきた。

昨今「図書館ポータル」といった言葉をよく耳にするようになった。ポータルの原義は、立派な"表玄関"だから、図書館ポータルは、利用者をいざなう画面上の図書館の玄関ということになる。ホームページとは元来広報のためのもので、このポータルが図書館サービスの入り口といってよい。

したがって、これまで図書館サービスの中核であった利用者用目録やその他の検索手段が図書館ポータルに設置される。資料探索ツールとして、目録の必要性はここでも変わらない。とはいえ、目録が図書館ポータルにおいては従来とは少し違って位置づけられる。まず、ポータルではそれぞれの図書館の所蔵目録（OPAC）は資料探索の唯一のツールではなく、そうしたツール群の一つとなっている。今や人々の資料探索には、個別のOPACで十分だとはいえず、種々の支援ツールが不可欠である。このことは目録が他の図書館のOPACや、他のコミュニティのメタデータ（たとえば、インターネット上の情報資源を探索するためのサブジェクトゲートウェイ[1]）と共存すべきことを意味する。

また、目録を検索してその所在を確認し、目指す資料を入手するというこれまでの図書館利用の段階的なシナリオは、ポータルでは必ずしも標準的なものではない。利用者の目指すものが電子資料であれば、目録の検索結果から資料へは人の手を介さずに進行し、求める資料が即座に画面上に表示されるのである（ここでは、「機械が目録を検索する」）。

図書館目録にあっても、こうした利用シナリオへの適合が求められるようになっているといえよう。

---

[1] 基本的には特定主題を対象として、その主題の研究に有用と考えられる信頼性の高いインターネット情報資源を選別・収集し、その情報資源についての目録を作成し、ブラウジング・検索ができるようにしたシステム・サービス

目録委員会の活動（第27期～29期）

日本図書館協会目録委員会では第27期以降、このような状況変化を踏まえつつ、今回の検討会で提示する二つの改訂案作成作業を中心に次のような活動を行ってきた。

[第27期]（1999.4-2001.3）　冒頭に述べた検討会の実施の後、その会合記録『電子資料の組織化』をとりまとめて刊行するとともに、第9章改訂作業を完了させ、『改訂第9章』の冊子を刊行した。

引き続き、電子化の進展の影響をもっとも強く受けている第13章の改訂に着手することとし、すでに先行しているISBD（CR）[2]、AACR2第12章改訂案[3]、ISSNマニュアル[4]などの国際的な動向の調査を行った。

前期から継続作業中のNCR1987年版のSGML化は、技術の進展状況を踏まえてXML[5]化が妥当だとして、本文データのタグづけ作業を行い、それをXMLに変換した。

[第28期]（2001.4-2003.3）　第9章の改訂を取り込んで、『日本目録規則1987年版改訂2版』を2001年8月に刊行した。

第13章の改訂については、ISBDやAACR2の改訂などと軌を一にして、これまでの逐次刊行物に限らず、完結を予定せずに継続して刊行されるすべての資料（継続資料）という枠組みでこの章の作業を進めるとして、規則条項の検討を進めた。継続資料には逐次刊行物だけではなく、ルーズリーフなど従来図書として扱われてきた「更新資料」（更新によって内容に追加、変更があっても、一つの刊行物としてのまとまりが維持されている資料。データベースやウェブサイトといった新しい形態の電子資料を含む）が含まれる。「改訂の基本方針」を策定し、多くの方々の意見をうかがうために、それを『図書館雑誌』（2002年2月号）に発表した。

また、国立情報学研究所が主宰する全国総合目録データベースにおいて、和漢古書がとりこまれることになり、同データベースにおけるデータ作成の基準となっているNCRの条項の整備が要請されたため、この期から第2章と第3章の付加的な改訂に着手することになった。

さらに委員会は、現在のNCRは新しく出現した情報メディアには必ずしも十分には対応しておらず、近い将来において新たな枠組みを設定する必要があるとの認識のもとに、「NCR200X年版」（仮称）を目指した検討作業を本委員会の課題として位置づけ、基本的な問題点の検討・確認を行った。

[第29期]（2003.4-2005.3）　第13章については第28期で発表した「改訂の基本方針」に対する意見に対応しつつ、改訂案を固めて検討会のためにウェブでの改訂案の公開（2004年5月）の準備を行った。また第2章および第3章の改訂の方針を『図書館雑誌』（2003年9月号）に掲載し、その後2004年9・10月にこれらの改訂案をウェブに搭載した。

IFLA目録分科会が推進している国際目録規則のプロジェクトへの対応として、2003年のIFLAベルリン総会、2004年ブエノスアイレス総会に、永田と横山幸雄委員がそれぞれ出席した。また、2004年3月には委員会のメンバーによる

---

2) International Standard Bibliographic Description for Serials and Other Continuing Resources　国際標準書誌記述（継続資料用）
3) 英米目録規則第2版 2002 Revision 第12章 継続資料
4) 『電子資料の組織化』（日本図書館協会より2000年に刊行）p.8参照
5) eXtensible Markup Language　文書やデータの意味や構造を記述するために、「タグ」と呼ばれる特定の文字列（MARCも目録に数値タグをつけて内容を表現している）を付けて文書構造を表現する、いわゆるマークアップ言語の一つである。XMLではユーザが独自のタグを指定できる。また、これはコンピュータ同士でのデータの送受信に使用できるほか、Webブラウザで直接閲覧することも想定し設計されている。

6) FRBR: Functional Requirements for Bibliographic Records の翻訳

『書誌レコードの機能要件』[6]（IFLA書誌レコード機能要件研究グループ）が刊行された。

なお、27期以降、次の方々が委員として就任された。①第28期中途から初の公募委員として白石英理子委員、②29期から木村優委員の後任として茂出木理子委員、室橋真委員の後任として平田義郎委員、和中幹雄委員の後任として松井一子委員。

提出する二つの改訂案について

第13章の改訂に関しては検討に長い期間を要し、多くの時間が費やされた。この改訂は、逐次刊行物の目録の国際的な標準の改訂（主として、タイトルの変更の程度の問題）や新しく出現した電子ジャーナルなどへの対応から始まったものだが、資料刊行の「逐次性（Seriality）」の観点から、更新資料も同時に扱うということできわめて困難な問題を抱えることとなった。更新資料に関して図書館界ではルーズリーフという資料形態の扱いの経験はあるものの、データベース、さらにはウェブページといった資料は新規なもので必ずしも簡潔に把握できるものとはいえない。そのために、第13章を逐次刊行物と更新資料との二つに分けるべきだとの意見もある。しかし、委員会は現時点では、国際的な整合性をも考慮しつつ、更新資料への対処に対しては「暫定的な」扱いと位置づけ、二つを区分しないでいくという対応を選択している。

一方、第2章と第3章の和漢古書の問題は、きわめて「挑戦的な」取り組みといえよう。これまで古資料（江戸期以前の版本・写本の和古書や、漢籍）の目録に関しては、それぞれの所蔵機関の文献研究を踏まえた整理が行われており、これらのものの目録標準化の動きは活発ではなかったし、NCRとしてはこの領域には深く関与してこなかった。しかし、国立情報学研究所の総合目録データベースに目録データが入力されるということになれば、それが拠る目録規則の規定を整備しなければならない。

7) FRBRの用語。著作の表現形の物理的な具体化
8) FRBRの用語。体現形の単一の例示（例えば1冊本の単行本の1コピーなど）

古資料の目録では、現代の資料のように、「体現形」（manifestation）[7]のレベルでの書誌的記録の作成ではなく、「個別資料」（item）[8]がその対象となるという点で、これまでの目録原則からいえば例外的な立場をとらざるをえないものである。また、それゆえに書誌的記録として取り上げられてきた情報は、複雑でありかつ文献研究の領域にまで及んでおり、それらの情報の識別・採取には長年の訓練を経て習得した知識やスキルが前提となる。そのような事情から、これまでの伝統的なものと標準化をめざした本案との間に「飛躍」が生じているかもしれない。大方の積極的な論議をまつところであり、どれほどの調整（標準化）が可能かどうかは、われわれのコミュニティ内の合意形成に関わっているといえる。

また、そうではあっても、第3章の領域に含まれる文書・記録類などのレコード・マネジメントは現代的な必要性も高いにもかかわらず、図書館界のみの検討では展開できず、文書館・史料館などの原則によらねばならないという点もあり、なお中間的なものにとどまらざるをえないことなどお含みいただきたい。

第1部 継続資料について

日本目録規則（NCR）第13章の改訂について

原井 直子（国立国会図書館・JLA目録委員会委員）
HARAI Naoko

　ネットワーク情報資源の増加は、目録規則の世界に大きな変更をもたらした最大の契機となっているが、その取り扱いの枠組みは必ずしも確定した段階にまでは至っておらず、その世界的な動向は今後も注視が必要な状況である。そのため、今回の第13章の改訂については、ISBD、AACR2、ISSNの変更内容と歩調をあわせ、枠組みレベルではNCR独自の方向性をとらないことを前提にしている。その上で、細かい点で日本の実情に適合し、現場の経験をできるだけ汲み上げることに配慮した。

　以上のような理由から、NCR全体に関わるような大きな変更はできるだけ控えて、第13章以外に影響が出るような変更は最小限にとどめることとした。

　ただし、NCRの整備という観点から、細かい文言については、他の章とは多少異なる結果になっても改善を図っている。これは、第9章改訂の際から引き続き実施していることである。

　なお、公開案についていただいた各種のご意見については、慎重に検討させていただいた。今回提示する改訂案は、この検討も反映したものである。

　第13章改訂の概要を説明する。主な改訂内容は2つである。1つは、「逐次刊行物」から「継続資料」への対象範囲の拡張とそれにともなうもの、もう1つは、「変化」に関するものである。

1. 対象範囲の拡張

　対象範囲を、これまでの「逐次刊行物」から、「継続資料（continuing resource）」に拡張した。これは、図書館資料全体を、完結する資料と継続資料に二分するという国際的に新たに提示され、ISBDやAACR2などで採用された枠組みに従ったものである。

> 定義
> 継続資料　　　continuing resource
> 　完結を予定せずに継続して刊行される資料

> 逐次刊行物　　　serial
> 　　完結を予定せず，同一のタイトルのもとに，一般に巻次・年月次を追って，個々の部分（巻号）が継続して刊行される資料
> 更新資料　　　integrated resource
> 　　更新により内容に追加，変更はあっても，一つの刊行物としてのまとまりが維持されている資料

「継続資料」は、完結を予定せずに継続して刊行される資料であり、「逐次刊行物」と完結を予定しない「更新資料」である。「更新資料」とは、更新により内容に追加，変更はあっても，一つの刊行物としてのまとまりが維持されている資料のことであり、そのうちの完結を予定しないものが継続資料に属している。具体的には、加除式資料、更新されるウェブサイトなどがある。

従来、図書館資料は、加除式資料を含む単行資料と逐次刊行物に二分するのが通常であったが、新しい資料区分は次に示すようなもので、更新資料は、完結する資料と継続する資料の双方に含まれていることに注意が必要である。

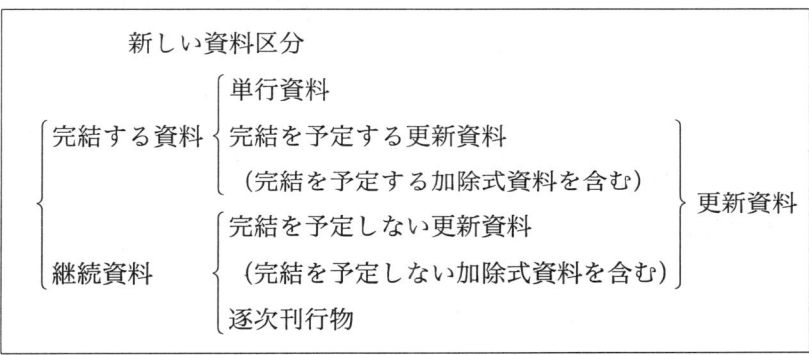

第13章で対象とするのは、まず、継続資料であるが、それだけではない。

> 第13章の対象範囲
> ① 継続資料（逐次刊行物＋完結を予定しない更新資料）
> ② 完結を予定する更新資料
> ③ （単行資料のうち）逐次刊行物の性質を持つ資料
> ④ （単行資料のうち）逐次刊行物の複製物

「継続資料」には属していないが、第13章で扱うものとして、逐次刊行物の性質をもっているが刊行期間が限定されている資料（例えば大会のニュースレターなど）、逐次刊行物の複製物、完結を予定する更新資料の3種がある。更新資料は、結果としてすべて第13章の対象となる。

記述の基盤については、逐次刊行物は「初号」とし、更新資料は「最新号」とした。逐次刊行物については、国際的にも議論があった後にこのような結論に至

ったことでもあり、NCRは国際的な動向に従うこととした。

　第13章名の変更にともない、書誌単位も、「逐次刊行書誌単位」から「継続刊行書誌単位」に変更するなどの措置をとった。書誌単位については、第13章改訂だけでは扱えないが、今回の改訂では全体的な枠組みを変更しないので、過渡的措置としてこのようにした。NCR全体の抜本的な改訂の際に再検討したい。

　また、「更新資料」と「逐次刊行物」は別立ての規則が望ましいというご意見もいただいたが、現時点では国際的な動向にあわせるという方針により、第13章を「継続資料」として逐次刊行物と更新資料を同一章で扱うこととした。

　今後も、国際的な動向にあわせてNCRにおける枠組みを検討していきたい。

2.「軽微な変化」の範囲の拡大

　本タイトルの変化には、新たな書誌的記録を作成すべき「重要な変化」と「軽微な変化」があるが、ISBD、AACR2、ISSNによって、「軽微な変化」の範囲を拡大することが合意された。NCRでも、この新たな「重要な変化」と「軽微な変化」の区分に従い、かつ、日本語の出版物の特徴を踏まえて、従来よりも詳細な条文を策定した。

　用語については、NCR序説にも「変化」「変更」について解説があるため、「変更」という語を「重要な変化」と同等の意味として用いることは変えなかった。その上で、条文中では「重要な変化」という形に統一することとした。

ISBD、AACR2、ISSN

●重要な変化

①最初の5語（冒頭の冠詞を除く）における付加、削除、変化、語順の変化がある場合

②最初の5語（冒頭の冠詞を除く）以降の語に、付加、削除、変化があり、それがタイトルの意味の変化をもたらすか、扱う主題が異なることを示す場合

③タイトル中の団体名に変化があり、それが以前と異なる団体である場合

●軽微な変化

①タイトル中の語の表現上の変化

　・スペルの変化　・略語や記号⇔完全な語句　・ハイフンの有無

　・アラビア数字⇔ローマ数字　・数や日付の数字表現⇔文字表現

　・1語表現⇔分ち表現　・頭字語、イニシアル⇔完全な語句

　・文法上の変化（単数形⇔複数形　など）

②同一の団体の名称やその下位部署名の変化、タイトルとの文法上のつながり方の変化

③区切り記号の付加、削除、変化（イニシアル、文字への記号付加の有無を含む）

> ④主情報源に表示されている言語の異なるタイトルの表示順序の変化（本タイトルと並列タイトルとして選択するものが入れ替わる場合）
> ⑤タイトルと順序表示を連結する語の付加、削除、変化
> ⑥決まったパターンで使用される2あるいはそれ以上のタイトルの異なった形がある場合
> ⑦一連の語句において、付加、削除、語順変化があるが、逐次刊行物が扱う主題に変化があることを示していない場合
> ⑧逐次刊行物の種別を示す"magazine"、"journal"、"newsletter"などの語の付加、削除

ここで、ISBD、AACR2、ISSNの「重要な変化」と「軽微な変化」を簡略化して示した。この区分は、日本語資料にそのまま適用するには不適切な箇所がある。それは、①最初の5語までと6語以降という切り分けは日本語には不適切、②逐次刊行物の種別を示す語には微細な変化が多く、これらを種別を示す語の変化として、すべてを重要な変化と捉えるのは不適切、③漢字、ひらかな、カタカナ、ローマ字など文字種の変化が多く、これらすべてを語句の変化と捉えるのは不適切の3点である。これらの状況に対応しながら、NCRもISBD、AACR2、ISSNと同様に「重要な変化」「軽微な変化」を区分するために、①については、本タイトルが日本語の場合と欧文の場合に分ける、②については、「軽微な変化」の逐次刊行物の種別を示す語に日本語の場合は、付加、削除だけでなく類似の語への変化を追加する、③については、言語の変化は「重要な変化」、文字種の変化は「軽微な変化」であることを明確に示す、とうい対応をとった。

また、「重要な変化」と「軽微な変化」の双方の規定に該当する場合と、いずれに該当するか判断に迷う場合には、「軽微な変化」として扱うという点はISBD、AACR2、ISSNに倣うことにした。

その他に、「重要な変化」についてISBD、AACR2、ISSNでは立項されていないがイニシャル・頭字語の変化を別項目に切り出して「軽微な変化」のイニシャル・頭字語⇔完全形との対比をわかりやすくした。また、「軽微な変化」で日本語出版物において頻度が高くないものは省略するなど工夫している。

> NCR改訂後
> ●重要な変化
> ①本タイトルが日本語―主要な語の変化、追加、削除
> ②本タイトルが日本語―語順変化
> ③本タイトルが欧文―最初の5語（冒頭の冠詞を除く）における付加、削除、変化、語順変化がある場合
> ④本タイトルが欧文―最初の5語（冒頭の冠詞を除く）以降の語に、付加、削除、変化があり、それがタイトルの意味の変化をもたらすか、扱う主題が異なることを示す場合

> ⑤イニシャル・頭字語の変化
> ⑥言語の変化
> ⑦タイトル中の団体名に変化があり、それが以前と異なる団体である場合
>
> ●軽微な変化
> ①本タイトルが日本語―助詞、接続詞、接尾語の変化、追加、削除
> ②本タイトルが日本語―記号の変化、追加、削除
> ③本タイトルが日本語―逐次刊行物の種別を示す語の類似語への変化、追加、削除
> ④本タイトルが欧文―冠詞、前置詞、接続詞の変化、追加、削除
> ⑤本タイトルが欧文―スペリング・句読法の変化、語形変化
> ⑥本タイトルが欧文―逐次刊行物の種別を示す語の追加、削除
> ⑦語順の変化、語の追加、削除が、本タイトルの意味や主題の変化を示していない場合
> ⑧イニシャル・頭字語⇔完全形
> ⑨本タイトルと並列タイトルの入替え
> ⑩文字種の変化
> ⑪本タイトル中の団体名の微細な変化、追加、削除、他の語との関連の変化

　これで、「軽微な変化」を拡大し、新しい書誌的記録を作成すべき「重要な変化」を限定するという国際的な動向と歩調をあわせること、その区分の境界をほぼ同等のもとすることができたと考えている。各条項にはできるだけ例を挙げることで理解しやすいものとすることにも留意している。

　また、「変化」がいずれのものかを判断する場合は、総称的な本タイトルには責任表示を含めるといった表現はやめて、責任表示の「変化」も「重要な変化」と「軽微な変化」を明確に示すこととした。通則、本タイトルに関する条項、責任表示に関する条項、注記などには、その関連を示すために、十分な参照を記載している。

3. その他

　今回、2つの主要なポイント以外にも幾つか改訂点があるので、それらについて最後に説明しておきたい。

(1)「巻次・年月次に関する事項」を「順序表示に関する事項」へ

　巻次、年月次およびその代替情報をまとめて「順序表示」という用語で表現することとした。この改訂は、ISBD、AACR2などと表現をあわせるためである。公開案から、用語の定義を修正し、よりわかりやすく統一された形になったと考えている。当然ながら、単独で用いる場合などは、巻次等の語も従来どおり使用

している。

(2) 本タイトル以外の書誌的事項の変化

本タイトル、責任表示以外の書誌的事項が変化した場合についても条項を新たに設けて、それぞれの場合に、どう対処すべきかを明確に示した。これは、「継続資料」では刊行期間が継続する間に諸事項に変化が起きる可能性が高いという特徴に対応したものである。

(3) 標準番号の拡張

ISSN以外の標準番号も扱えるようにした。文章中の用語は「ISSN，ISBNなどの国際標準番号，もしくはその代替となる番号」に統一した。対象範囲を拡張したことで、逐次刊行物以外にも対応できる必要があること、逐次刊行物であっても媒体によってはISSN以外の標準番号に対応できる必要があることによるものである。

(4) 条文の整備

「初号」と「終号」について、統一的な表現となるよう整備した。「変化」前後の号については、「変化前の最後の号」「変化後の最初の号」とし、「初号」「終号」の定義を明確にした。「初号」については「（本タイトルあるいは責任表示の重要な変化により新しい書誌的記録を作成した場合は，変化後の最初の号）」という説明を、通則と順序表示エリアの初出の場合のみ付し、他では省略する形に統一した。

複製物についての扱いは、これまでタイトルと責任表示の箇所にしか記載されてなかったが、通則に別法を設けるとともに、全体を通じて条文を整備した。これは条文の整備であり、内容的に従来の規定を変更したものではない。

注記に関する文章も、注記に関する事項以外の箇所では「注記する」「注記することができる」の2種に、注記に関する事項では「注記する」「説明する必要があるときは注記する」の2種に統一をはかった。注記はすべて任意であり必須のものではないが、できるだけ注記してほしい項目を明確にするためである。

従来ほとんど存在しなかったが、関連ある条項への参照を充実させた。関連する箇所がすぐに探せることで全体構造への理解を深めるためである。

例については、今回の提示案では不十分であったり、間違っている箇所もあるが、基本的には、例を充実させる方向をとっている。

その他、条文については、同様な内容については統一的な表現をとるようにするなど、できるだけ整備を行った。

日本目録規則
第13章改訂案について

国立情報学研究所 開発・事業部 コンテンツ課

はじめに

NACSIS-CAT（目録システム）は、国立情報学研究所（以下、NII）が行っている、学術情報基盤の整備流通を推進するため各種事業の一つである「目録所在情報サービス」を構成するシステムである。

NACSIS-CATは、図書・雑誌といった学術資料の図書館レベルの所在情報が蓄積されている総合目録データベースを構築するシステムであり、研究者の研究活動を支援することを目的としている。NACSIS-CATでは、データベースを効率的に形成するため、全国の大学図書館等によるオンラインの協同分担入力方式を採用している。

本稿では、NACSIS-CATを運用する立場から日本目録規則第13章改訂案への対応について記述する。

NACSIS-CATについて

NACSIS-CATの運用は、昭和60年（1985年）から開始した。開始当初の参加機関数は12であったが、平成16年度末で1,036機関に増加し、図書所蔵登録数は、7,700万件を超えている。

NACSIS-CATのサービス開始から、平成16年度までの参加機関数と図書の所蔵登録数の伸び及び平成16年度末のデータベースごとのレコード件数を右頁に示す。

このシステムへの参加機関の60%以上が4年制の国公私立の大学図書館であり、大学、短期大学、高等専門学校、大学共同利用機関など高等教育・研究機関を合計すると、参加機関の80%以上を占めている。海外の日本研究機関の図書館も参加しており、ヨーロッパ、東アジアを中心に68機関が参加している。

このように参加機関の中心が高等教育機関・研究機関であるため、登録されている逐次刊行物資料も紀要、研究報告書などの学術的な資料が比較的多いことが総合目録データベースの特徴の一つにあげられる。

参加機関数と図書所蔵レコード

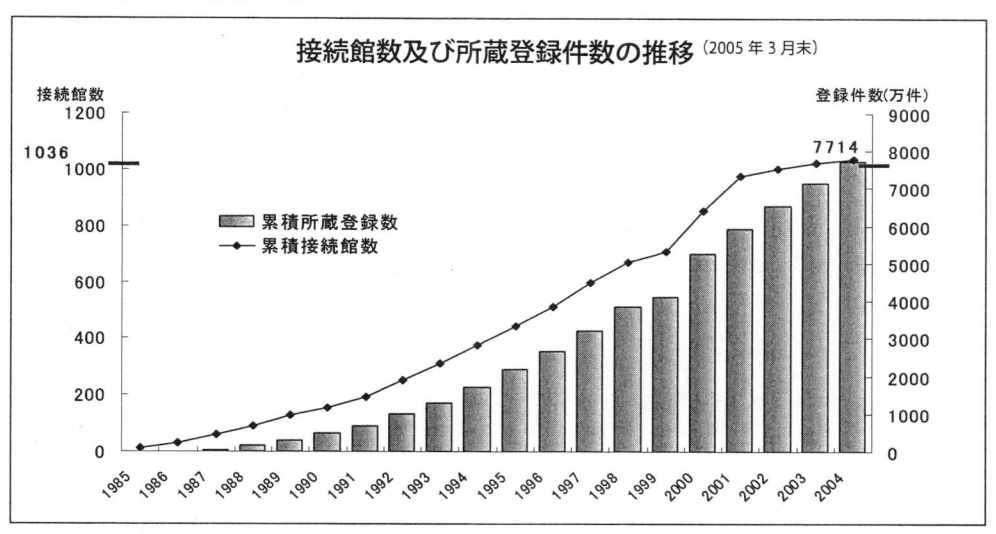

レコード件数

ファイル名	件数
図書書誌	7,561,102 件
図書所蔵	77,145,792 件
雑誌書誌	278,281 件
雑誌所蔵	4,095,847 件
著者名典拠	1,333,676 件
統一書名典拠	24,074 件
タイトル変遷	36,936 件

　NII では、Webcat Plus という検索サービスをインターネット上で公開しており、総合目録データベースは誰でも検索できるようになっている。

　目録規則の適用など NACSIS-CAT の運用については、NII の教職員だけでなく外部の有識者から構成される図書館情報委員会で審議される。

NACSIS-CAT と日本目録規則

　NACSIS-CAT では、日本目録規則 1987 年版改訂 2 版を和図書・和雑誌の目録情報を作成する場合に準拠する目録規則として位置づけている。

　また、さまざまな図書館の担当者によって運用されている NACSIS-CAT においては、担当者間の共通理解を図るため、書誌・所蔵レコードの作成単位やレコード同士の関係について規定した「目録情報の基準」、各レコードの具体的な記述方法を規定した「コーディングマニュアル」といった規則を、日本目録規則の下位規則として運用している。

NACSIS-CATにおける雑誌目録の扱い

　NACSIS-CATにおいて、雑誌と図書は、刊行方式によって区別する。終期を予定せずに逐次的に刊行され、個々の資料を識別・順序付けする番号があるものを雑誌とし、それ以外を図書としている。

　また、雑誌は、刊行途中にタイトルが変更になる場合（タイトル変遷）が発生することがあるが、NACSIS-CATにおける和雑誌のタイトル変遷の判断基準の原則は、以下のとおりである。

- 本タイトル、従属タイトルに句読点以外の変更があった場合
- 本タイトルが総称的で、その責任表示が変更した場合

　これは、日本目録規則1987年版改訂2版第13章13.0.2.1B別法の「変更についての判断を簡明にするために、句読法等の変化以外の変化はすべて変更とみなす」に沿ったものである。NACSIS-CATは、1,000を超える機関が共同で総合目録を作成しているため、判断の揺れを最小にすることを優先した運用になっている。

　この判断基準によってタイトル変遷の判断が容易になるメリットがある一方、雑誌によっては不必要に変遷を認めざるを得ない場合があり、総合目録の維持管理、及びエンドユーザの利用の便の観点からも懸案事項の一つであった。

　NACSIS-CATでは、タイトル変遷の前と後とで別の書誌レコードを別に作成する。変遷関係にある一連の雑誌書誌レコードの集まりを「ファミリー」と呼び、そのファミリーごとにタイトル変遷レコードを作成し、変遷関係を記録している。

　変遷前の書誌レコードと変遷後の書誌レコードのように、変遷関係にある書誌レコード同士、及びあるファミリーのタイトル変遷レコードとそのファミリーに属する書誌レコードは、相互に関連付けられている（このレコード同士の関連付けをNACSIS-CATでは、「リンク」と呼んでいる）。

　雑誌書誌レコードの作成・修正は、NACSIS-CATの参加館が行うが、タイトル変遷については、参加館からの報告に基づいてNIIがタイトル変遷関係の確証を行った上でレコードの作成及び修正を行っている。

日本目録規則第13章改訂への対応

　今回の日本目録規則第13章改訂案についてNACSIS-CATでの対応を検討するため、平成16年度に前述の「図書館情報委員会」の下に「継続資料の取扱いに関する小委員会」を設置した。

　小委員会の委員は、大学図書館職員とNIIの教職員からなっている。任期は、平成18年3月までである。平成17年5月31日現在、2回の小委員会を開催し、下記の事項について検討を行い小委員会として合意に至った。今後、図書館情報委員会に小委員会からこの検討結果を諮ることになる。

- NACSIS-CATは基本的にNCR改訂案に準拠し、タイトル変遷におけるマ

イナーチェンジは同一タイトル（同一レコード）として扱うこととする。
・ただし、既登録レコードへの遡及的適用は実施しない。
・タイトル変遷事例を収集し、NACSIS-CATへの適用細則を作成する。
・日本目録規則第13章改訂に準拠した運用開始時期は、規則の公刊時期に合わせる。

なお、更新資料については平成17年度の検討事項となっている。

日本目録規則(NCR)
第13章(継続資料)改訂案の検討

渡邊 隆弘（日本図書館研究会整理技術研究グループ・神戸大学附属図書館）

WATANABE Takahiro

0. はじめに

日本図書館研究会整理技術研究グループ[1]では、今般の第13章改訂案公開（2004年5月）を受けて勉強会・月例研究会[2]で検討を行い、疑問・提案を文書（以下、「意見書」という。）にまとめてグループ有志名で日本図書館協会目録委員会に提出した[3]。目録委員会が、国際的動向と日本語資料特有の事情を踏まえて改訂案をまとめられ、WWWページでの公開と検討会開催（2004年12月3日）によって館界の意見を広く公聴する態度を示されたことに敬意を表し、また検討会において当研究グループに「コメント」の機会をいただいたことに深く謝意を表するものである。

本稿（検討会コメント）は、概ね上記「意見書」に沿い、細かな文章表現や誤植などあまりに枝葉にわたる項目を割愛したものである。まず、国際的な改訂動向に関わる大きな問題点として「逐次刊行物と更新資料の位置づけ」「タイトル等の変化の取扱いと記述の基盤」について述べる。続いて、今般の13章改訂案に対するその他の疑問点を逐条的に列挙し、最後に今後の目録規則改訂への若干の希望を述べたい。

なお、「意見書」に基づく検討会コメントは5月時点のWWW公開案（以下、「当初案」という。）を対象としていたが、検討会では新たなバージョンの「検討会案」が示された。両者を比較すると、「意見書」で呈した疑問・提案の相当部分が「検討会案」で修正されている（意見を正面から検討いただいたことにも深く謝意を表する）。そのため本稿のいくつかの項目は提案としてはもはや「用済み」となっているが、検討会コメントの記録という意味であえてそのまま採録させていただくこととする。記述にあたっては、「当初案」から「検討会案」への変更がわかるよう補筆を心がけたつもりである。

1. 国際的改訂動向への所見[4]

2002年に、ISBD(S)からISBD(CR)への改訂及びAACR2 2002年改訂版における第12章の改訂が相次いで行われた。両者は概ね照応した内容となっており、(1) 従来の逐次刊行物に加えて「更新資料」をも対象とし、資料区分を「継[5]

---

[1] 1957年に発足した歴史ある研究グループで、主に大阪市内でほぼ毎月「月例研究会」を開催するなど、資料（情報）組織化に関わる研究活動を行っている。
グループWWWページ
http://www.tezuka-gu.ac.jp/public/seiken/

[2] 同グループ2004年9月月例研究会(2004.9.4)
http://www.tezuka-gu.ac.jp/public/seiken/sub4/seiken04.html#2004年9月例会

[3] 文書自体は公開していないが、「有志」は薩山久子（帝塚山大学図書館）・川崎秀子（佛教大学）・河手太士（大阪樟蔭女子大学図書館）・田窪直規（近畿大学）・堀池博巳（京都大学学術情報メディアセンター）・前川和子（堺女子短期大学）・吉田暁史（帝塚山学院大学）・渡邊の8名である。

[4] 本節の論点については、以下の論文で発表している。
渡邊隆弘、河手太士、吉田暁史「最近における目録規則の改訂動向とその問題点」『図書館界』56(2), 2004.7. pp.102-110

[5] S：Serials（逐次刊行物）、CR：Continuing Resources（継続資料）。AACR2第12章の章名もISBDと同様に、SerialsからContinuing Resourcesとなった。

続資料」としたこと、(2) 逐次刊行物の本タイトル等の変化について「重要な変化」と「軽微な変化」を整理したこと、がとりわけ大きな改訂点である。今回のNCR第13章改訂案も、この国際的な改訂動向に即したものとなっている。

1.1. 逐次刊行物と更新資料

外形を基本的に維持したまま内容が随時に更新される「更新資料」は、WWWページ等の登場でにわかに注目を集めるようになったが、ルーズリーフ式などの「加除式資料」という形で印刷媒体にも存在していた。「単行資料」「逐次刊行物」という2分法の枠組みを変更して、「日陰」の扱いを受けてきた更新資料に規則上で正当な位置づけを与えたことは、大きな前進であると評価できる。

しかしながら、単行資料に対して「継続資料＝逐次刊行物＋更新資料」という枠組みには疑問がある。ISBD(CR)がその対象資料を"issued over time with no predetermined conclusion"と表現するように、固定が予定されず、時間軸の中で継続的に発行行為が重ねられ記述対象が変化していくというのは、逐次刊行物と更新資料双方に見られる性格には違いなく、単行資料と異なった扱いが必要なことも間違いない。しかし、その「継続性」の性質をもう少し細かく見るならば、新たな分冊が積み重なっていく逐次刊行物では「物理的な刊行の継続性」ともいうべきもので、利用においては初号からの全体が対象となる。対して内容自体が変化していく更新資料では「内容的な継続性」ともいうべきもので、各時点におけるスナップショット的な利用が一般的となる。この両者には、本当に同一資料種別内で扱うだけの共通性があるといえるだろうか。

ISBD、AACR2、NCRいずれの規則においても、両者を無理に同一の枠内で扱うために、多くの条項で「逐次刊行物」「更新資料」の二本立て規定が生まれ、かえってわかりにくい規則構造となっているように思われる。大きな点では、第3エリアの「順序表示」は逐次刊行物にのみ適用され、更新資料ではいっさい使用されない。本来第3エリアには、当該資料種別に特有の事項が記録されるはずであり、対象資料の一方の柱である更新資料には適用されないというのは、もともとの枠組みの不自然さを表している。そもそも単行資料と異なる規定が比較的多く必要な逐次刊行物に対して、更新資料は記述の基盤さえ決めてしまえば大部分の記述は単行資料と異なることなく行えるという、性格の違いがある。

また、電子ジャーナルにおいてはタイトル変更等を以前の号にも遡及的に適用してしまうことも可能であるが、こうした場合には逐次刊行物・更新資料双方の性格を持つことになり、両者は必ずしも排他的な概念でないことがわかる。論理的に見ても、実務的な観点からも、逐次刊行物と更新資料は別立ての規則としたほうが明快であると考えられる。

1.2.「変化」の取扱いと記述の基盤

逐次刊行物目録の実務においては、微妙なタイトル変更は常に大きな悩みの種となってきたが、ISBD(CR)では本タイトル・責任表示の変化について「重要な変化（Major changes）」と「軽微な変化（Minor changes）」を整理し、ISSNと

の整合にも配慮して、新しい記入を起こさない「軽微な変化」の範囲を拡大した。AACR2及び今般のNCRもこれに沿った形となっている。利用者への目録提供や論文レベルの書誌索引データベースとのリンク等を考えると、煩瑣な新記入の発生を抑制するという方向性は理解できるところである。

しかしながら、変更が重ねられた場合に一般的に目録利用者が想起しやすいのは最新タイトルであろうことを考えると、記述の基盤を初号におくといういわゆる「初号主義」原則の維持が正しい選択かどうか、疑問がある。「検討会案」にあげられた「軽微な変化」の例でいうと、

　　日本近代文学館ニュース　→　日本近代文学館
　　Berichte der Deutschen Gesellschaft für Mathematik und Datenverarbeitung
　　　　→　GMD-Berichte

といったケースで、初号主義によるタイトルを利用者が正しく同定識別できるであろうか。この問題は更新資料の記述の基盤とも関連して、ISBD及びAACR2の改訂過程で最新号主義等の議論があったが、最終的には既存の原則が継承されることとなった。

初号主義の最大の利点である記述の安定性（一度作った記述の基本部分は修正する必要がない）は目録の機械化によって絶対的要件ではなくなっており、記述の基盤の再検討が求められている。

1.3. 国際標準とNCR

世界的な目録規則改訂動向への対応については、目録委員会から「歩調をあわせ、枠組みレベルではNCR独自の方向性をとらない」ことを前提としたという改訂方針が、検討会の席上でもあらためて示された。確かに国際標準であるISBD等に準拠して各国の目録規則が作られることは重要であるし、今回のように全体の枠組みを維持しながら章単位の改訂を行う場合にはなおさら大きな変更を加えがたいことも理解できる。本節にあげた問題は、次に予想される、よりドラスティックな目録規則再検討の中で課題の一つとして解決が期待されるものである。

2. 改訂案各条項の検討

改訂案の全体を見渡すと、国際的動向に沿いながらわが国特有の事情も考慮され（例えば、本タイトルの変化について）、また記述総則との関係も整理されるなど、旧規定に比べ詳細で行き届いた規則になっていると評価できる。そのうえで、本節ではいくつかの問題点・疑問点の指摘を行うこととする。なお、条項番号はカッコ書きで示した。

2.1. 用語定義（用語解説）

「当初案」の用語解説では、「継続資料」「逐次刊行物」それぞれの定義文が次のようになっていた（①～⑨は筆者が挿入）。

継続資料

①完結を予定せずに②同一の本タイトルのもとに③継続して刊行される資料。逐次刊行物と完結を予定しない更新資料とがある。

逐次刊行物

④完結を予定せず、⑤同一の本タイトルのもとに、⑥一般に巻次・年月次を追って⑦継続刊行される出版物で、⑧その媒体は問わない。雑誌、新聞……（以下略）

要するに、継続資料には①～③の3要件が、逐次刊行物には④～⑧の5要件が示されているわけであるが、①と④・②と⑤・③と⑦は対応するので、⑥と⑧が逐次刊行物を定義づける独自の要件ということになる。しかし、⑥（番号付けの存在）は本改訂案で絶対要件ではなくなったし、⑧（媒体不問）は、本来「継続資料」にも「更新資料」にもいえるはずで、いずれも逐次刊行物を明確に限定する要件ではなく、上記定義では両者を区別したことにならない。ちなみにISBD(CR)の「逐次刊行物」の定義文をみると（⑤等は上記に照応させて筆者が挿入）、

Serial

A continuing resource issued ⑦in a succession of discrete issues or parts, ⑥usually bearing numbering, ④that has no predetermined conclusion. Examples of serials include ...（以下略）

となっており、上記下線部（筆者による）の「部分が積み重なっていく」という性格が「当初案」の定義からは抜け落ちていた。「検討会案」では「個々の部分（巻号）が継続して」の表現に修正され、逐次刊行物の性格が明確に示されるようになった。

用語定義に関してはもう一つ、上記②⑤の「同一の本タイトルのもとに」に疑問を呈した。旧規定の用語解説（「逐次刊行物」）では「一つのタイトルのもとに」であったものを、「当初案」では「同一の本タイトル」として「継続資料」「逐次刊行物」「更新資料」の各定義文に記載されていた。この表現には、(1) タイトルが変化しても資料そのものの性格が変わるわけではない、(2)「本タイトル」は資料を分析した結果のセマンティクス構造中のデータ要素名であり対象資料の定義文中にはふさわしくない、という2点の問題がある。「検討会案」では「継続資料」「更新資料」からは削除され、「逐次刊行物」にのみ「同一のタイトルのもとに」の表現で残された。逐次刊行物にのみ残されたのは目録記入の作成単位を考慮してのことかと思われるが、タイトルの変化によって新たな記入を作成する可能性はあっても逐次刊行物たることの要件が左右されるわけではなく、定義文中では不適切な表現ではないかとの疑問が残る。

2.2. 記録の書誌レベル

従来の「逐次刊行レベル」が「継続刊行レベル」に移行した（13.0.2.2）。もともとNCR1987年版で基礎書誌レベルを「単行レベル」「逐次刊行レベル」に分けたことは論理的必然性が明確でないと思われるが、刊行の永続性に着目すれば（逐次刊行物では数量的に増加し続ける全体を取り扱うので）分離にも幾分か

の意味があった。しかし、更新資料をも対象に加えて「継続刊行レベル」となると、これまで以上に「単行レベル」と区別する必然性が乏しくなったと考える。

この点については検討会の席上、全体的な枠組みを変更しない「過渡的措置」で、規則全体の抜本的改訂の際に再検討したいとの表明があり、近未来に整理を期待したい。

2.3. 記述の基盤と情報源

逐次刊行物における「初号主義」については 1.2. で前述の通りであるが、記述の基盤についてはもう一つ、更新資料における「最新号」（13.0.3.0）の表現に違和感を覚える。ISBD 等で "current iteration" とされているものであるが、内容更新という観点からいうと「号」よりも「最新状態」等の表現が適切ではなかろうか。

情報源については、「タイトルと責任表示」の情報源について、旧規定にあった「表紙の優先」（13.0.3.2 及び 13.1.1.1D）が「当初案」に継承されていた。情報源によって表示されるタイトルが異なり共通するものもないとき、図書では「標題紙、奥付、背、表紙の優先順位に従って」本タイトルを選定する（2.1.1.1E）のに対して、継続資料（旧規定では逐次刊行物）では「表紙、標題紙、背、奥付」と順位が変わる（13.1.1.1D）という規定である。一般的な雑誌には標題紙がないものも多いという根拠によるものと言われるが、逐次刊行物でも年鑑・白書のようにそうでないものも多くあるし、更新資料ではなおさらである。「検討会案」では更新資料は「標題紙優先」、逐次刊行物は「表紙優先」という 2 本立ての規定となったが、標題誌が完備されているものでも表紙が優先されてしまうのかという疑問はなお残る。

その他情報源に関する事項では、「複製物はその原資料を情報源とする」の別法が、従来の「タイトルと責任表示」に加えて通則（13.0.3.1A 別法）にも登場した点が目をひいたが、この点については規定の「格上げ」といった意図はなく「条文の整備」の一環である旨、検討会で説明があった。また、「当初案」では同一情報源上に複数のタイトル表示がある場合の扱い（13.1.1.1C）に不明確さ（「より顕著に表示されているもの」とあるが、同等の場合はどうするのか）があったが、「検討会案」では「顕著に表示されているものがないときは最初に表示されているもの」と明記され、複数言語のタイトルの場合（表示順序か本文の言語か）等の扱いが明確になっている。

2.4. タイトル等の変化

今般の改訂で最も増強・整理された点の一つであり、「重要な変化」「軽微な変化」という形で基準が明確化されたことは大変ありがたいところである。「変化」「変更」「変遷」といった語の使い分けもかなり整理されている。

新記入の作成に関わるのは基本的には本タイトルの変化であるが、本タイトルが総称的な場合には責任表示の変化も関係しており、構造は複雑である。「当初案」では「本タイトルの変化」（13.1.1.3）に概ねの規定をおき、「本タイトル

（総称的なタイトルの責任表示を含む）」といった表現で責任表示に関わる事項を包含させていたが、本タイトルの条項に責任表示が加わってくるところに無理が感じられた。「検討会案」では本タイトル・責任表示の双方に「重要な変化」「軽微な変化」を定義づけることで随分わかりやすくなっているが、ISBD(CR) がそうしているように、本タイトル等の個々の条項に置かずに通則中で一括規定する方式も考えられよう。

詳細になった規定を子細にみていくと、「軽微な変化」の項（13.1.1.3B）で、
- ウ）本タイトルが日本語の場合、逐次刊行物の種別を示す語が<u>類似の語に変化</u>したり、追加または削除されたとき
- カ）本タイトルが欧文の場合、逐次刊行物の種別を示す語が追加または削除されたとき

と、日本語の場合のみ「類似の語に変化」が加わっている点が目をひく。検討会では、日本語資料では特にこの種の語の微細な変化が多いためという理由が示されたが、実例に則してどうなのか、にわかな判断は難しい。

2.5. 記述の精粗

記述の精粗（13.0.5）の第1水準（必須の書誌的事項）から、旧規定にあった「版表示」が削除されている。検討会の席上では、「初版の表示は記録しない」（13.2.1.2）という規定があるため必須の事項とはいえないとの説明があったが、適当な解釈であろうか。各水準に示されるデータ要素は各要素の一般的な重要性をもって判断されるべきものであり、初版を表示しないことをもって「必須の書誌的事項」から外すべきでないように思われる。

2.6. タイトル関連情報

「当初案」では、タイトル関連情報とするものの範囲（13.1.4.1）で並列タイトルに対するもの等と並んで「記述対象中の各著作のタイトルに対するもの」があげられていた。記述総則（1.1.4.1）の表現からきたものであるが、逐次刊行物では複数の著作が格納されているのが普通であるから、この表現は誤解の恐れがある。「検討会案」では、「総合タイトルのない資料中の各著作」という限定的な場合の規定であることが明確化された。

旧規定からの継承であるが、「タイトル関連情報は、縮約または省略する」という別法（13.1.4.2別法）がある。この規定は記述総則にはなく、図書等では「長いタイトル関連情報は注記する」という規定はあるものの、「縮約または省略」という表現はない。そもそも省略は記述の「第1水準」を用いればできるはずで、あえて別法をたてる必要はないと思われる。

2.7. 個人編者

これも旧規定からの継承であるが、責任表示に関して「逐次刊行物の個人編者は原則として記録せず、注記する」（13.1.5.1A）との規定がある。前述した情報源の「表紙優先」と同様に、一般的な雑誌では適当かもしれないが、逐次刊行物

一般に広げたときには必ずしも有効とはいえないのではあるまいか。

2.8. 更新資料に関する諸条項

「当初案」では、「刊行頻度に関する注記」(13.7.3.0)や「所蔵事項」(13.10)などに更新資料にも適用できるのかどうか不明確であった。「検討会案」では更新頻度や自館での更新状況などが記録できることが明確となっている。

3. おわりに—今後の規則改訂への希望

目録規則を章単位で改訂していく作業に限界があることは、既にNCR1987年版改訂2版(2001)の「目録委員会(第25-27期)報告」にも「当面、NCR87Rの章ごとの改訂が進められようが、遠くない将来、全体の枠組みの改訂が必要になろう。その改訂は、書誌情報のデータベース化に関連する、これまで認識された要件だけでなく、目録が対象とする情報のメディアそのものの大きな変化を正面からとらえるものとなろう。」と表明されている。AACRにおいては2007年の刊行を目指して"AACR3"改訂作業が進められているが、かつて「AACRの論理構造」[6]を著したT. Delseyがeditorとなり、資料区分概念を全面的に見直した再構成が企図されている。AACR2の2002年改訂版では記述の大原則を示した条項0.24が「記述されるべきアイテムのあらゆる側面を明らかにすることが重要である。つまり、その内容、そのキャリア、その刊行形態、書誌的な関連性、そして出版されたか否かといったことである。」と改められており、内容・キャリア・刊行形態といった各側面を扱った章を組み合わせて一つの記述を作成していくイメージになるようである[7]。今後はNCRもそのような方向に向かっていくことと思われるが、1.2であげた逐次刊行物と更新資料の位置づけの問題もその中で解決されていくことを期待する[8]。

なお、今般の13章改訂では記述総則への参照が最小限となり、個々の規定が13章中にあらためて記述されることとなった。改訂内容の検討には非常に役だった反面、整合性を保つメンテナンスが大変ではないかと感じていたが、検討会の席上「過渡的措置であり、今後抜本的な改訂時には総則—各章という構造で再検討されるであろう」との表明があった。2.6.にあげたタイトル関連情報の問題(「記述対象中の各著作のタイトルに対するもの」)のように記述総則と各章の表現には微妙な問題があるが、マークアップ言語等を用いて規則構造を機械可読化する動きもあり[9]、いっそうの整理を期待したい。

また、国際標準の動きとは別に、NCRには書誌階層構造という独自の大きな問題もある。2.2.で述べた「単行レベル」「継続刊行レベル」の問題もさることながら、Web資源のような存在を扱うならば、基準単位としての基礎書誌単位はどのような基準をもって決定するのかという別の大きな問題もある。もともとNCR1987年版における「基礎書誌単位」には明確な定義が与えられていない。筆者には現時点で方向性を提言する能力はないが、次期の改訂にあたっては書誌階層構造に対する抜本的な再検討が求められるのではあるまいか。

---

6) Delsey, T. The Logical Structure of the Anglo-American Cataloguing Rules 1998-1999. <http://www.collectionscanada.ca/jsc/docs.html> からダウンロードできる。

7) 従来は「物としての資料(physical item)の記述は、まず第一に当該資料が属する資料の種別を扱う章に基づくべきである」とされていた。

8) 現行の章構成の基盤をなす一般資料区分(GMD)には、「地図」のように内容の表現様式を示すもの、「マイクロ資料」のように物理媒体を示すもの、それに刊行形態による「継続資料」、が混在しているため、「マイクロ化された地図」などの場合には区分原理が交差してしまう。

9) マークアップ言語とは文書構造等を表す情報をテキスト中に「タグ」として埋め込む記述言語で、汎用的なSGML、XMLやWWW文書記述に用いられるHTMLなどがある。前述「目録委員会(第25-27期)報告」には、規則のSGML文書化が企図され、その後XML文書に編集されたことが述べられている。

以上、今般の第 13 章改訂に対する意見を述べてきた。全体的には旧規定よりはるかに行き届いた規則になったという評価を前提として、本稿自体は「問題点」のみを列挙する形になったがお許しいただきたい。日本図書館協会目録委員会のご努力に改めて敬意を表するとともに、近い将来にはさらに抜本的な再構築が行われることを期待して、本稿を終わりたい。

第1部　継続資料について
質疑・討論

補足1

　公開案に対してのご意見を検討して、結果として変えなかったものについて説明させていただく。

　一つは、逐次刊行物のタイトルと責任表示の情報源における表紙の優先というところである。これについては、表紙を優先するということにもともと疑問があったというご意見と、更新資料にも適用する必然性があるのかというご意見をいただいていた。更新資料については確かにそうであるということで情報源の規定を二つに分けたが、逐次刊行物についても、同じに扱うことができるかという議論をした。そして、標題紙がないものの場合にはこの順番でいいかもしれないが、奥付や背はどうするのかということ、逐次刊行物の現場から大半の資料については表紙を優先にしてもらった方がありがたいという意見があったことなどから、逐次刊行物についてはこのままとした。

　もう一つは、記述の精粗の第一水準から版表示がなくなっているのはなぜか、ミスではないか、というご指摘があった。第13章の版表示の説明を見ていただくと、本則で「初版は記述しない」という規定になっている。第2章図書では、「初版を記述しない」は別法になっているが、この第13章では第一水準から版表示を削除している。

　また、個人の編著も採用すべきというご意見については、以前のままとした。個人編者というのは一般的な雑誌にも表示されていることがあって、しかも実質的に意味がない場合が多い。必要なときは注記できるわけだから、それでいいのではないかということで、このままにした。

　例については、探すのがなかなか大変な作業で、適切な例があったら教えていただけると非常に助かる。ご提案をお願いする。

補足2

　渡邊さんが最後におっしゃったことに関し、これまで目録委員会で議論されてきたことを紹介しておく。

　第13章に逐次刊行物と更新資料をいっしょに扱うという問題を含めて、今後新しい目録規則に向けて考えていった場合、資料区分をどうするかの問題である。ご承知のように電子資料が出現して、コンテンツとキャリアが分離した状態のものが出てきている。AACR3のDelseyの記述の案では、第1部にコンテンツという記述があって、第1章が総則で第2章から第11章、正確に覚えていないが、テキストとか画像だとかそういったコンテンツのレベルの話があり、そのあと一章設けてメディアに関するテクニカルな記述がある。その後逐次刊行物などの刊行モードの記述が来る構成になっている。われわれの場合もそういう形がよいのかなと感じている。まだ正式には検討したことはないが、今後情報を的確に把握していくためには、そんなことを考えなければいけないと思う。

　二番目に、第9章もそうだったが、現在総則を含めて各章の改訂案を作っている。それは検討するのに都合がよいからこういう形にしている。実際に次の目録規則の各章をそういう形にしたらよいかというと、これも渡邊さんがご指摘されたようにメンテナンスが難しくなる。したがっておそらく総則をかなりきちんと作って、そしてコンテンツ、メディアそれぞれの特徴のところを各章展開する形になるのではないかと個人的には考えている。

　三番目に書誌階層の話がコメントされていた。電子資料が出てきていわゆる「粒度」の問題をどう取り扱

うか、情報をどう取り扱うかの単位の問題が非常に難しくなってきた。ウェブサイトのような、構造がある部分と構造のないような部分の情報が一緒になって出ている状態になってきた、その中でわれわれはある秩序を記述として与えていくという形になるわけだが、それは情報の宇宙の中にある一定の秩序を作る、つまりわれわれ自身の枠組みをあてはめるという形になる。情報の世界にある粒度を一定の書誌的な単位で切っていくという形になるかと思うが、今の形とは少しずれてくるのかなと想定している。現実に出現している粒度の問題をなんとかうまく書誌単位の問題として解釈して記述の枠組みを作っていきたいと思っている。

Q 基本的確認なのだが、昨年のフランクフルトでのIFLAの目録国際原則の適用は前提としてのご発言と受け止めてよいか。そうであるなら、雑誌のリスポンシビリティは国際的にはやはり個人を記載しているわけで、NCRだけ別法の注記にして歩調が合うのか、という感じがするがどうか。

A 基本的にはIFLAのベルリン原則に沿った活動を私どもはしなければならないと考えている。ベルリン原則の中身は、実態はFRBRだと思う。FRBRは目録委員会としてもたいへん重要な基準だと考えており、それに沿って展開していくだろうと思う。

　個人の編者の問題は、個人編者の責任性をわれわれはまったく否定していないわけで、それに関してきちっと標目を立てることはまったく問題ない。記述の問題と標目を立てるという話は別に考えてほしい。

Q 13.3.1 順序表示の記述の例に「千葉大学社会文化科学研究」とあり、巻次－創刊号－ハイフンと記述してある。ウェブで公開された案まででは年月次がない場合はこういう書き方がありえたと思うが、今回の検討会案で13.3.2で年月次の表示がない場合、巻次に続けて出版年、頒布年等を丸がっこに入れて記録するとなっているので、かっこで年月次のようなものが入らなければいけないと思う。

A 今回の提示案で、例に関しては手が回っていない。それから、参照については改訂に合わせてのチェックが不十分で、公開案のままとなっているなど、多少不備なところがあるかもしれない。そのあたりは今後の課題とさせていただきたい。

第2部 和古書・漢籍について

日本目録規則(NCR)1987年版改訂2版 第2・3章の改訂について

増井 ゆう子（国文学研究資料館・JLA目録委員会委員）
MASUI Yuko

『日本目録規則1987年版』では、従来も和古書・漢籍の書誌記述について、第2章図書および第3章書写資料の中で、和古書・漢籍の特徴を考慮して近現代の資料とは異なる扱いが必要な部分について言及してきた。

それにもかかわらず、和古書・漢籍については、近年総合目録作成の機運もあり、それに伴う標準的な目録規則の策定が望まれていた。

既にご存じのように、国立情報学研究所においては、和古書・漢籍の書誌記述にかかわるNACSIS-CAT入力運用基準の検討が行われ、その成案が、平成15年6月に「和漢古書に関する取扱い及び解説」と「コーディングマニュアル（和漢古書に関する抜粋集）」として公開され、書誌レコードの作成が本格稼働している。

NACSIS-CATにおける書誌レコードは、日本語資料および中国語資料については日本目録規則に準拠しているが、この入力運用基準の検討過程で、和古書・漢籍に関しては、これまでの日本目録規則での取扱いを上回る、より詳細な記述が必要であることが明らかになり、そのため基となる日本目録規則の欠落を補うことへの要請が、国立情報学研究所より日本図書館協会目録委員会にあった。これを受けて目録委員会は、和古書・漢籍の書誌記述にかかわる多くの特徴や、これまでの取扱い方の問題点等を受け止め、かつ、目録規則全体の流れの中での継続性を考慮しつつ、改訂および増補作業を進め、このたび公開案を提示した。

以下に、第2章および第3章の改訂の概要を説明する。

1. 改訂の対象範囲

今回改訂の対象とする資料の範囲は、和古書および漢籍であり、用語解説で以下のように定義した。

　　和古書　日本人の編著書で，かつ日本文で書かれ，日本で書写・出版された和書のうち，主として江戸時代まで（1868年以前）に書写・刊行された図書をいう。ただし，明治期以降のものであっても，和古書としての取扱いが適当な場合もある。

　　漢籍　中国人の編著書で，かつ中国文で書かれたもの。狭義には1912年

（辛亥革命）以前に刊行されたものをいう。ただし，民国期以降のものであっても，漢籍としての取扱いが適当である場合もある。

なお、明治期あるいは民国期以降のものであっても、書写資料や木版印刷による少数部数の刊行物など、和古書・漢籍と同様の取り扱いが必要である場合を考慮し、その範囲に融通をもたせている。

2. 改訂方針

今回の改訂は、第2章図書については、和古書・漢籍にのみ関する部分を改訂あるいは増補したものであり、第2章全体の改訂を意図するものではない。したがって、和古書・漢籍にも共通して適用されてきた条項を含む、近現代資料に関する部分については、原則として改訂を行っていない。ただし、条文整備の一環として一部の用語の調整をおこなっている。これについては、10.で述べることとする。また、今回の改訂に伴い、周辺の条項を改訂した個所もある。具体的には、出版地の記録に関するものである。なお、和古書・漢籍に特有の規定については、その条項あるいは条項内の関連する箇所に「(古)」と冠し区別しているが、40個所ある。

一方、第3章書写資料については、適用の対象となる資料中で、和古書・漢籍の占める割合が高く、全書写資料に共通して適用する内容が多いことから、全体を改訂する方針であり、「(古)」を使用していない。その中で、時代による使い分けが必要な個所については、「江戸時代までの資料」または「明治以降の資料」と明記して区別している。

なお、今回案の例示については、第2章では和古書・漢籍にかかわる例示のみを掲載しており、近現代資料にのみかかわるものは省略している。一方、第3章については、全体の改訂のため、すべての用例を掲載している。

3. 記述の単位

近現代の資料とは異なり、和古書・漢籍については、個別資料ごとに別の記述を作成することとする。

和古書・漢籍は、画一的ではない製作方法や、長い伝来の間にその装丁の特徴から改変が行われる可能性があることなどのため、手元の記述対象のみからでは、他の書誌的記録との同定識別等の判断が非常に困難である。また、同版ごとに書誌記述を共有できる現代の資料と異なり、同版の諸本全体に対する妥当な記述を行うことが困難なので、個別資料ごとに別の記述を作成する。

また、これに伴い、破損等により判読できないなどの個別資料に関わる文字の記録方法や、個別資料の残欠・伝来等に関する注記を設けることとする。

4. 書誌的事項の情報源

記述対象により、時代・ジャンルや造本等の違いの影響を受ける場合があるので、情報源の規定に柔軟性をもたせた。現代の資料の表紙・標題紙のように、安定して多くの情報を含む箇所が和古書・漢籍にはないと考えられるため、その資

料全体を情報源として総合的に判断できるようにした。また、各書誌的事項の情報源についても改訂を行う。

なお、第3章については、これまで表紙、標題紙の有無により情報源を区別していたが、時代による区別とした。江戸時代までの資料については、第2章と同様に、まず資料全体を判断し、詳細は各書誌的事項の情報源にゆずっている。

5．書誌的巻数の記録方法

和古書・漢籍の伝統的な目録法においては、資料の巻数を書名に続けて記録する慣習がある。この巻数は、著作成立時あるいは初期の刊行時の巻数であり、物理的な巻数と区別した、書誌的巻数というべきものである。これまではタイトルのあと、カンマ、スペースに続けて記入したが、伝統的な目録の慣習により近い形で、スペースを置いて記入することとする。また、利用者に所蔵の状態を早い段階で知らせることができるように、この巻数のうち存在する巻数を付記することとする。

6．責任表示への付記

漢籍目録の慣習に従い、情報源上での記述の有無にかかわらず、識別上必要な王朝名の付記を任意に行うことできるようにする。

7．出版・書写に関する事項

現代の資料との違いが最も顕著な出版・書写事項について、和古書・漢籍の特徴を考慮した詳細な記述を行うことができるようにした。これまで、1組の出版地・出版者を選択して記録してきたが、複数の出版者の記録を可能とし、また、書写者の採録も行うこととした。古地名や出版年・書写年の記録についても和古書・漢籍の実状を考慮して改訂を行う。以下、詳細に説明する。

(1) 出版地・出版者

これまで、出版地・出版者の組が複数ある場合、一つの組を代表として選択したが、和古書・漢籍については、複数の出版地に関する情報が有効であることから、出版地ごとに出版者を記録することとする。さらにその出版地に出版者が複数ある場合の優先順位については、出版の際に最も重要な役割を果たした出版者を選ぶべきである。しかし、その判断が困難なときには、出版地ごとに最後に記載されているものを代表者として記録することとする。また、複数の記載があったことを示すため「［ほか］」という語を補記することとする。

京△：△上村平左衛門△；△江戸△：△萬屋清兵衛△；△大坂△：△伊丹屋太郎右衛門

京師△：△八尾平兵衛△［ほか］△；△大坂△：△鹽屋長兵衛△［ほか］△；△江戸△：△鶴屋金助△［ほか］

なお、これまで一つの組を選択してきた方法を引き続き行えるようにするため、同様の内容を持つ別法を設けたが、これにも「［ほか］」を補記する旨を追加している。

(2) 古地名の記録
　表記された地名の転記を原則とし、補記の方法についても規定した。識別上必要があるときは、出版時あるいは書写当時の都市名、国名を補記し、また地名の別称が表記されている場合は当時一般に用いられたものを補記する。なお、今回の改訂に伴い、出版地の記録の方法に関する条項全体を改訂する。

　　　　江戸
　　　　日本橋△［江戸］
　　　　（出版時の都市名を補記）
　　　　洛陽△［京都］
　　　　（一般に用いられた都市名を補記）

(3) 出版者名の形
　出版者名を記録する場合、記述対象に表示されている名称をそのままの形で記録する。したがって、これまで屋号のあるものは、続けて姓名の表示がある場合に、姓を省略することとしていたが、それを省略せず記録する。

　　　　皇都△［京都］△：△伊勢屋額田正三郎

(4) 出版年
　和古書・漢籍の出版年については、刊行年および印行年の双方を書き分けることができるようにする。用語解説では下記のように定義する。刊・印の用語を用いた書き分けは、和古書の整理において定着しており、これを本則とする。
　　刊行年　和古書，漢籍で，版木の彫刻・校正・印刷が終了し，出版した時点の年をいう。
　　印行年　和古書，漢籍で，その図書が実際に印刷された年をいう。
　刊行年が判明した場合、「刊」という用語を付して記録する。別に印行年が判明した場合は、「印」という用語を付して、双方を書き分けることができるようにする。また、刊行年と印行年の判別がつかない場合は、「［刊または印］」という用語を付して記録する。

　　　　寛政4△［1792］△［刊］△（文化5△［1808］△［印］）
　　　　光緒8△［1882］△［刊または印］

　また、2.4.3.1C別法（古）は、和古書、漢籍の刊行年が、近現代資料の出版年とそこに至るまでの製作の過程（木版刷りであることなど）に大きな違いはあ

るものの「版ができて最初に出版されたとき」という点で一致すると考え、近現代と同じように記録できるようにしたものである。

(5) 出版年・書写年の記録の方法
　和古書・漢籍については記述対象に表示されている場合、多くは元号と年数であることから、和古書・漢籍の伝統的な目録の慣習と利用者の便宜を考え、以下のように記録することとする。

　　・記述対象に表示されている紀年をその資料の出版年（書写年）として採択する場合は、そのまま記録し、西暦紀年を補記する。

　　　　宝暦 13 △［1763］△［刊］
　　　　文政元△［1818］

　　・干支による表示も多く見られるが、可能であれば、それに相当する紀年（元号と年数）に読み替えて記録し、干支による表記は必要に応じて注記する。

　　　　寛政 4 △［1792］△［刊または印］
　　　（注記「刊記には「寛政壬子」とあり」）
　　　　享保 10 △［1725］
　　　（注記「奥書には「享保乙巳」とあり」）

　　・読み替えができない場合は、推定による補記または出版年（書写年）不明の扱いとし、干支による表記は注記する。
　　・出版年（書写年）を推定により補記する場合は、丸がっこに入れて西暦年を付記し、干支による表記は注記する。

　　　　［元禄 5 △（1692）刊］
　　　　［貞享 5 △（1688）刊］
　　　（注記「刊記には「戊辰三月中旬」とあり」）
　　　　［明和 8 △（1771）］
　　　（注記「奥書に「辛卯」とあり」）

　　・出版年（書写年）の記載や序跋等に年の記載がないか、あるいは資料に表示されている情報が記録するのにふさわしくない場合は、おおよその出版年代を推定し、補記する。

　　　　［江戸後期刊］
　　　　［文化・文政頃刊］
　　　　［慶長年間］

　　　　　［江戸中期］
　　　　（注記「壬辰序あり」）

(6) 書写者

　書写資料の場合、これまでは原則として書写者は記録しないとしてきたが、自筆か転写かにかかわらず重要な情報であるため、すべて製作事項として記録することとする。書写者が転写者であると判明した場合は、「転写」という用語を付して記録する。また、自筆であると判明した場合は、「自筆」という用語を付して記録する。書写者が著者であるのか転写者であるのか判断がつかない場合は、「写」という用語を付して記録する。

　　　　吉隆△［転写］
　　　　藤原成元△［自筆］
　　　　重綱△［写］

8. 形態に関する事項

　個々の資料についてのより詳細な記述が必要になるため、大きさについては、センチメートルの単位で小数点以下1桁まで記録することとし、また常に縦×横の形でも記録できるようにする。さらに、伝統的な目録の慣習を考慮し、半紙本、美濃判等資料の大きさを書型として示した用語による表現が可能なものについては、それを任意に付記できるようにする。

　また、数量の単位についても、第10章博物資料の別表・付「特定資料種別の数量表示（単位名称・助数詞）について」への参照を設け、これにより様々な装丁の資料の記述に対応できるようにする。

9. 注記に関する事項

　各条項の改訂に加えて、個々の資料の識別に重要な役割を果たす注記についても、適切で詳細な記述を可能にするため、多くの例示を用意する。

　これまでの近現代資料にかかわる注記（2.7.3）には、「(和古書、漢籍を除く)」という限定をつけ、別に2.7.4として、「(和古書、漢籍)」と限定した注記を設けた。これまでの注記については、特に第2章の場合、書誌を共有することが前提のものであった。和古書・漢籍についても複数の資料に共通するレベルの注記はあるが、個別の資料にかかわる下記のような注記を新たに設ける。

　　2.7.4.7（古）識語およびその他の書き入れ等に関する注記
　　2.7.4.8（古）残欠に関する注記
　　2.7.4.9（古）伝来に関する注記（蔵書印記や旧蔵者）

　なお、注記の並びは、原則として、複数の資料に共通するものを前にし、個別資料にかかわるものをその後とした。さらにその中は、資料の内部・本体にかかわるものから、外部的に影響を受けた事柄へと排列している。

10. 条文の整備

今回の改訂にかかわらない条項についても、「当該図書」「記述対象図書」の語については、その条文中でより適切な用語に変更した。これは、第9章の改訂での調整を引き継いだものである。

日本目録規則1987年版改訂2版
第2章・第3章改訂案について

小坂 昌（国立国会図書館）
KOSAKA Masashi

1. はじめに

　国立国会図書館では、平成15年1月から、「日本目録規則1987年版改訂2版」（以下、NCR87R2）を採用して和古書の書誌的記録を作成している。その詳細は「国立国会図書館『日本目録規則1987年版改訂2版』和古書適用細則」（以下、NDL適用細則）として公開している[1]。

　本稿では、NDL適用細則とNCR87R2改訂案を比較し、記録方法が異なる部分を中心に意見を述べる。

2. 和古書、漢籍の書誌記述における留意点

　和古書、漢籍等の古典籍は閉架式にされることが多いため、目録の役割はとりわけ重要である。古典籍の利用者の多くは研究者であり、古典研究に資するような書誌記述を目指すことが望まれる。古典籍に特化した詳細な目録を作成する方法も考えられるが、目録の標準化を考慮するならばNCR87R2の枠組みの中で古典籍の特性を表現する記述を行うことが妥当であろう。研究者に役立つ記述と標準化された記述とは相容れない面があり、そのバランスをどのように取るかが、古典籍の書誌記述を考える際に最も頭を悩ます課題と言える。

　また、目録規則を定めるからには、すべての目録担当者がそれを理解し、共通の認識を持って適用することが大切である。古典籍の場合、目録規則の規定に柔軟性を持たせ、担当者の判断を加える余地を残しておかないと記述しにくくなるという実情がある。しかし、判断の許容範囲を広げすぎると目録規則の意義が失われるおそれもあり、担当者相互のばらつきが極力生じないようにする配慮が必要である。

3. 各書誌的事項の情報源と優先順位

> 2.0.3.2A（古）和古書、漢籍については、各書誌的事項の情報源は、次のとおりとする。情報源の選択に当たっては、時代、ジャンルあるいは造本等の事情を考慮する。

[1]『全国書誌通信』No.116, pp.1-22, 2003.12
http://www.ndl.go.jp/jp/library/data_make.html（国立国会図書館ホームページ＞図書館員のページ＞書誌データの作成及び提供）

> ア）タイトルと責任表示
> 　（1）巻頭、題簽、外題
> 　（2）目首、自序、自跋、巻末
> 　（3）刊記、奥書、見返し、扉、版心、小口書、著者・編者以外の序跋、識語等
> イ）版…刊記、奥書、見返し、扉、序、跋、識語等
> ウ）出版・頒布等…刊記、奥書、見返し、扉、序、跋、識語等
> エ）形態…その記述対象から
> オ）シリーズ…その記述対象から
> カ）注記…どこからでもよい
> 　タイトルについて、巻頭以外を情報源とした場合は、その情報源を注記する。（2.7.4.1 ア）参照）
> 　識語及び後に加えられた書入れを情報源とした場合は、その旨を注記する。その他のものを情報源とした場合も情報源を注記することができる。

　現行のNCR87R2ではタイトルと責任表示の情報源について優先順位を定めているが、改訂案では「優先順位」という語を用いず、情報源の選択に柔軟性を持たせている。タイトルについては巻頭の表示を優先することが多いが、責任表示や出版事項の選択基準は必ずしも定まっておらず、目録担当者の判断に委ねられることになる。

　図1の場合、序末（図の右下）に「槇島昭武」、巻頭に「駒谷散人槇郁輯」と表示されており、どちらを責任表示として記録するかが問題となる。2.1.5.2Aに「責任表示には、所定の情報源のうちもっとも適切な表示を選んで記録する」とあることから、特定の情報源の表示を優先させないとすれば、姓名が整った形を適切な表示とみなしてa.のように記録することになろう。一方、NDL適用細則の古.1.5.2Aでは「責任表示には、古.0.3.2 ア）に規定する優先順位に従って

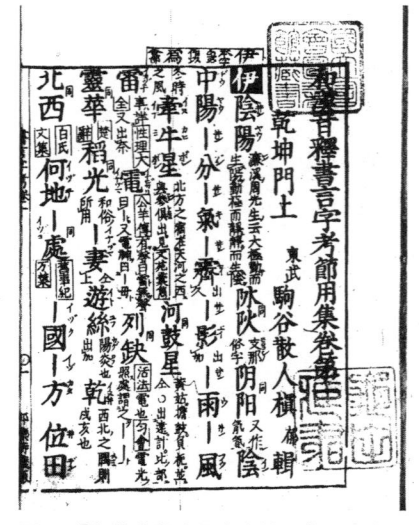

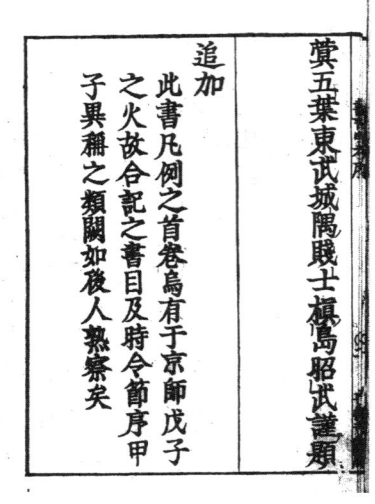

a. 槇島昭武［著］
　　　　　（←序末の表示を採用）
b. 駒谷散人槇郁輯
　　　　　（←巻頭の表示を採用）

図1 『和漢音釋書言字考節用集』明和3刊

選定した表示を選んで記録する」と定めており、b.のように巻頭の表示を優先して記録している。

　優先順位の固定化が難しいという事情は理解できるが、目録担当者による判断の揺れを防ぐためには、ある程度の優先順位を定めておくことが有効である。優先順位を定めないのなら、採用した情報源や採用しなかった表示を注記する等、同定・識別を可能にするための情報を記録すべきであろう。

4. 複数の出版地、出版者

> 2.4.1.1D（古）和古書、漢籍については、2以上の出版地があるときは、すべて記録する。（2.4.2.1Dをも参照）
>
> 2.4.1.1D 別法（古）和古書、漢籍については、出版者とそれに対応する出版地が2組以上表示されている場合は、顕著なもの、最後のものの順で、一つの組を選択して記録する。他は「［ほか］」と補記して省略する。（2.4.2.1D 別法をも参照）
>
> 2.4.2.1D（古）和古書、漢籍については、出版地ごとに出版者を記録する。一つの出版地に2以上の出版者等の表示があるときは、顕著なもの、最後のものの順で代表とする一つを選択して記録し、他は「［ほか］」と補記して省略する。（2.4.1.1Dをも参照）
>
> 　　　京：上村平左衛門；江戸：萬屋清兵衛；大坂：伊丹屋太郎右衛門
>
> 　　　京師：八尾平兵衛［ほか］；大坂：鹽屋長兵衛［ほか］；江戸：鶴屋金助［ほか］
>
> 2.4.2.1D 別法（古）和古書、漢籍については、2以上の出版者等の表示があるときは、顕著なもの、最後のものの順で一つを選択して記録し、他は「［ほか］」と補記して省略する。（2.4.1.1D 別法をも参照）

　出版地、出版者が複数表示されている場合、すべての出版地、出版者を記録することが最も望ましいが、作業上あるいはデータベースシステム上の制約からすべてを記録できないことも想定されるため、省略した記録方法を規定することは妥当である。

　ただし、出版地ごとに一つの出版者を選択する2.4.2.1Dの規定には疑問を覚える。図2では、江府の中で「須原屋茂兵衛」と「西村與八」のどちらが顕著か、京師の中で「錢屋利兵衛」と「梅村伊兵衛」のどちらが顕著かを考えなければならないが、容易に判断できないのが常である。判断できない場合、a.のように出版地ごとに最後の一つを選択することになろうが、利用者にとって分かりやすい記述とは言い難い。

　NDL適用細則では、出版地にかかわらず、出版者が2名までの場合はすべて記録し、3名以上の場合はb.のように一つを選択して他は「［ほか○名］」と省略

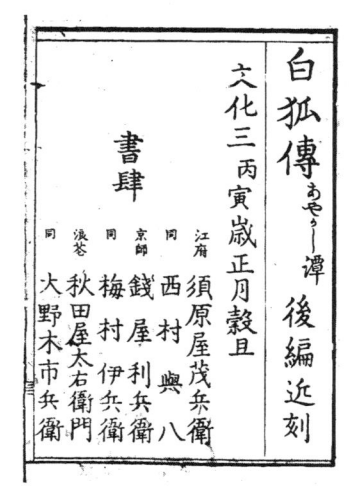

している。また、同定・識別のため、刊記の全文を注記することを検討中である。

図2 『阿也可之譚』文化3刊

a. 江府：西村與八［ほか］；京師：梅村伊兵衛［ほか］；浪花：大野木市兵衛［ほか］，文化3［1806］
b. 浪花：大野木市兵衛［ほか5名］，文化3［1806］

図3では出版地として「通油町」と「麹町平河貳丁目」が表示されているが、各々を異なる出版地としてa-1.のように記録する方法と、両者を「江戸」という一つの出版地とみなしてa-2.のように記録する方法が考えられる。都市名より下位の地名を記録する場合、どのレベルをもって一つの出版地とみなすかに関して共通の基準が必要である。

NDL適用細則では都市名より下位の地名は記録しないこととし、b.に示した「［江戸］」のように都市名に置き換えている。

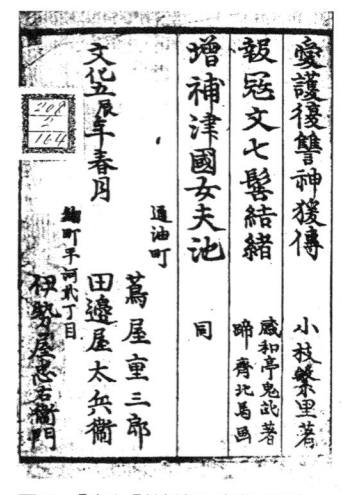

a-1. 通油町［江戸］：田邊屋太兵衛［ほか］；麹町［江戸］：伊勢屋忠右衛門，文化5［1808］
a-2. 麹町［江戸］：伊勢屋忠右衛門［ほか］，文化5［1808］
b. ［江戸］：伊勢屋忠右衛門［ほか2名］，文化5［1808］

図3 『文七髷結緒』文化5刊

5. 刊、印の区別

> 2.4.3.1C（古）和古書、漢籍については、刊行年を「刊」という用語を付して記録する。情報源に「刊」の表示がない場合は角が

> っこに入れて記録する。
>
> **2.4.3.1D（古）** 和古書、漢籍については、刊行年とは別に印行年が判明した場合、「印」という用語を付して丸がっこに入れて付記する。印行年のみが判明した場合も、「印」という用語を付して記録する。情報源に「印」の表示がない場合は角がっこに入れて記録する。刊行年、印行年の判別がつかない場合は、「［刊または印］」という用語を付して記録する。
>
> 　　寛政 4 ［1792］［刊］（文化 5 ［1808］［印］）

　刊行年と印行年を区別して記録することは有効であるが、出版者との対応関係に注意を払う必要がある。

　図 4 では刊行時、印行時それぞれの出版年、出版者が表示されている。出版年は 2.4.3.1D に従って刊行年と印行年の両方を記録できるが、出版者についてはそのような規定がなく、どのように記録したら良いのかが判然としない。刊行時の出版者を記録する a-1. の方法と、印行時の出版者を記録する a-2. の方法が考えられ、どちらを採用すべきかを明確にしなければならない。やや冗長になるが、a-3. のように両方の出版者を記録することも一案である。

　NDL 適用細則では、b. のように印行時の出版者と印行年を記録し、刊、印の関係を注記で説明することにしている。

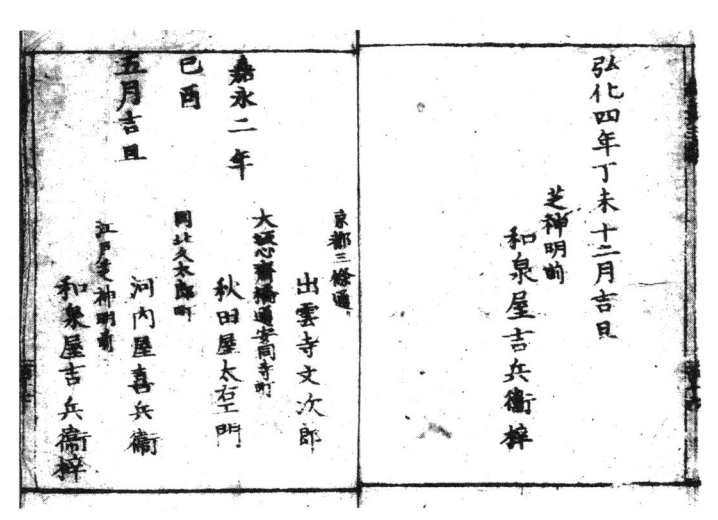

図 4 『和漢名数大全三篇』弘化 4 刊 嘉永 2 印

- a-1. 芝［江戸］：和泉屋吉兵衞, 弘化 4 ［1847］［刊］（嘉永 2 ［1849］［印］）
- a-2. 京都：出雲寺文次郎；大坂：河内屋喜兵衞ほか；江戸：和泉屋吉兵衞, 弘化 4 ［1847］［刊］（嘉永 2 ［1849］［印］）
- a-3. 芝［江戸］：和泉屋吉兵衞, 弘化 4 ［1847］［刊］（京都：出雲寺文次郎；大坂：河内屋喜兵衞［ほか］；江戸：和泉屋吉兵衞, 嘉永 2 ［1849］［印］）
- b. 江戸：和泉屋吉兵衞［ほか 3 名］, 嘉永 2 ［1849］
  弘化 4 年和泉屋吉兵衞刊の後印

図5でも2種類の出版者が表示されており、a-1.とa-2.の記録方法が考えられる。ここでは印行年が表示されていないため、刊行年だけを記録して「後印本」と注記することになるが、a-2.のように印行時の出版者と刊行年を組み合わせて記録すると混乱を招きやすく、適切な方法とは言えない。

NDL適用細則では明確には規定していないが、b.のように推定した印行年を角がっこに入れて出版年の位置に記録する運用を行っている。

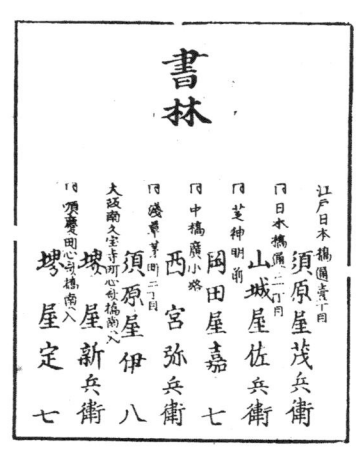

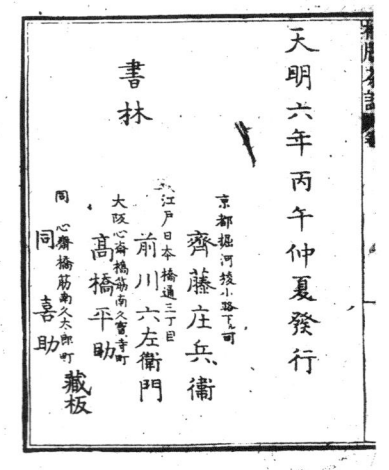

a-1. 京都：齋藤庄兵衛；江戸：前川六左衛門；大阪：高橋喜助 [ほか], 天明 6 [1786] [刊] 後印本

a-2. 江戸：須原屋伊八 [ほか]；大阪：堺屋定七 [ほか], 天明 6 [1786] [刊] 後印本

b. 大阪：堺屋定七 [ほか6名], [江戸後期] 天明 6 年高橋喜助ほか 3 名刊の後印

図5 『橘牕茶話』天明 6 刊 [江戸後期] 印

図6は、寛延2年刊本と安永3年刊本の2種類の版木を用いて印刷し、1冊にまとめて天明元年に出された合刻本である。寛延2年、安永3年の刊記がそのまま残されており、最後に天明元年の跋文が付されている。稀な例ではあるが、このように刊行年が二つ表示されている場合、NCR87R2改訂案では記録しにくい。

NDL適用細則では印行時の出版者と印行年を出版事項として記録し、刊、印に関する経緯を注記している。

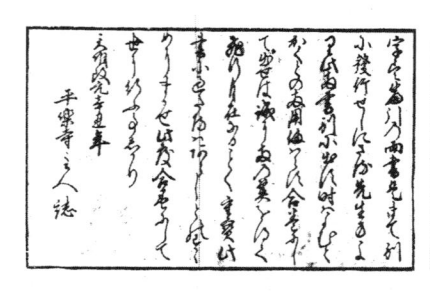

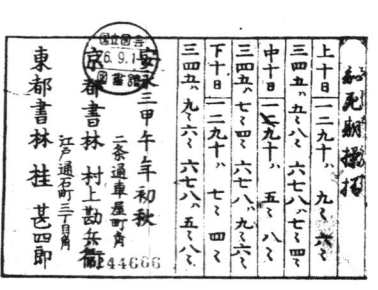

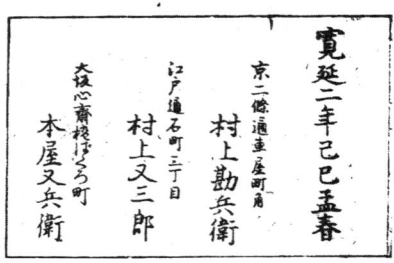

図6 『大廣益字盡重寶記綱目』寛延 2・安永 3 刊の合刻 天明 1 印

[京都]：平樂寺主人, 天明 1 [1781]
寛延 2 年本屋又兵衛ほか 2 名刊「大廣益字盡重寶記綱目」および安永 3 年村上勘兵衛, 桂甚四郎刊「扁引重寶字考選」の後印・合刻

6. 注記の記録順序

　NDL適用細則や国立情報学研究所の「コーディングマニュアル（和漢古書に関する抜粋集）」（以下、NIIコーディングマニュアル）では、書誌学的通称名という注記を設け、「春日版」「五山版」「古活字版」「丹緑本」等の用語を記録している。これらは和古書、漢籍の特徴を簡潔に表す用語として重要であると判断し、注記の記録順序を冒頭に定めている。

　一方、NCR87R2改訂案ではその用語の表す内容によって「版および書誌的来歴に関する注記」「出版・頒布等に関する注記」「形態に関する注記」等、各エリアに振り分けている。NCR87R2全体の整合性を考えれば妥当な記録順序であるが、和古書、漢籍の書誌的記録には注記が非常に多いため、重要な情報が埋もれてしまうことが懸念される。

7. 責任表示と書写者

> 3.4.2.2A　書写者が転写者であると判明した場合は、「転写」という用語を付して記録する。また、自筆であると判明した場合は、「自筆」という用語を付して記録する。書写者が著者であるのか転写者であるのか判断がつかない場合は、「写」という用語を付して記録する。書写者が不明のときは、「［書写者不明］」と補記する。
> 　　吉隆［転写］
> 　　藤原成元［自筆］
> 　　重綱［写］
> 3.4.2.2A 別法　書写者は、これを記録しない。ただし、必要に応じ注記する。（3.4.3.2D（ママ）をも参照）

　責任表示と書写者の記録方法について、NCR87R2改訂案、NDL適用細則、NIIコーディングマニュアルの三つを比較し、表1にまとめた。

　NDL適用細則では、自筆、転写の区別は責任表示と書写者を比較すれば明らかであると判断し、「自筆」「転写」の用語は用いていない。なお、そもそも書写者が判明する事例はきわめて少ないため、書写者の記録を必須とは考えず、書写者が不明の場合は省略可能としている。

8. おわりに

　国立国会図書館では、漢籍についても今後NCR87R2を採用して書誌的記録を作成する予定である。NDL適用細則の運用開始から約2年が経過したが、NCR87R2の改訂を踏まえ、和古書、漢籍の両者を対象とした適用細則を再検討する必要を感じている。

表1 責任表示と書写者の記録方法の比較

		自筆	転写	自筆か転写か判断できない 著者不明	自筆か転写か判断できない 書写者不明
NCR87R2 改訂案	責任表示	伴信友著	伴信友著	—	伴信友著
NCR87R2 改訂案	書写者	伴信友［自筆］	黒川春村［転写］	黒川春村［写］	［書写者不明］
NDL 適用細則	責任表示	伴信友著	伴信友著	—	伴信友著
NDL 適用細則	書写者	（書写者の記録を省略、「自筆」と注記）	黒川春村［写］	黒川春村［写］	（記録を省略）
NII コーディングマニュアル	責任表示	伴信友著	伴信友著	—	伴信友著
NII コーディングマニュアル	書写者	伴信友［自筆］	黒川春村［写］	黒川春村	［書写者不明］

日本目録規則(NCR)1987年版改訂2版 第2・3章改訂案について

岡嶌 偉久子（天理大学附属天理図書館）
OKAJIMA Ikuko

　はじめに、和漢古書における書誌の作成単位は記述対象資料ごとである、このことが明記された「2.0.2.1C（古）和古書、漢籍については、個別資料ごとに別の記述を作成する」の条文を、和漢古書目録における最も不可欠な条文として評価したい。

　以下、今回のNCR第2・3章の条文改訂によって和漢古書の現実により即した点についての言及、というよりはむしろ、幾分か混乱をきたすのではないか、また再考を要するか、と思われるところを中心に取り上げることをお断りしておきたい。

【第2章】

1. 各書誌的事項の情報源について

○条文について

> 2.0.3.2A（古）和古書、漢籍については、各書誌的事項の情報源は、次のとおりとする。情報源の選択に当たっては、時代、ジャンルあるいは造本等の事情を考慮する。
> ア）タイトルと責任表示
> 　（1）巻頭、題簽、外題
> 　（2）目首、自序、自跋、巻末
> 　（3）刊記[1]、奥書、見返し、扉、版心、小口書、著者・編者以外の序跋、識語等
> イ）版……刊記、奥書、見返し、扉、序、跋、識語等
> ウ）出版・頒布等……刊記、奥書、見返し、扉、序、跋、識語等
> エ）形態……その記述対象から
> オ）シリーズ……その記述対象から
> カ）注記……どこからでもよい
> 　タイトルについて、巻頭以外を情報源とした場合は、その情報

[1] タイトルと責任表示の情報源として「刊記」があがっているが、「刊記」はやはり出版事項。出版年月日・出版地・出版者など、出版に関する事項を記した部分。タイトルと責任表示の情報源としてあげるならば「奥付」だろう。享保頃が境といわれるが、それまでは本文末とか、中途にもあった刊記が、この頃から別丁に仕立てられることが多くなる。別丁だと紙面に余裕があるので、記載量が増え、タイトル・作者名・画者・時には刻工名・出版予告……まで載せる場合がある。「奥付の中の刊記の部分」といった言い方もする。出版事項の情報源はまさしく「刊記」だが、タイトルと責任表示の情報源としてあげるならば「刊記」ではなく「奥付」でなくてはならないだろう。

> 源を注記する。（2.7.4.1 ア）参照）
>
> 　識語及び後に加えられた書入を情報源とした場合は、その旨を注記する。その他のものを情報源とした場合も情報源を注記することができる。

　このように、条文から「優先順位」という言葉がなくなったこと、またタイトルと責任表示の情報源として「巻頭」に並んで「題簽」等が入ったことは、和漢古書の現実に対応した、しかるべき改訂と思われる。

　漢籍目録の伝統である「巻頭」主義、つまりその本として採るべくは「巻頭」の書名であるという考え方、これは従来版本の世界における原則であった態度だが、しかし日本の版本は（特に近世以降の場合）著者及び出版者が、読者及び購買者にその本の書名として公にする、提示するものが題簽であって、題簽を認定できるものは書名はまずそれに基づくべきであるということが、現在では共通の認識になっていよう[2]。

　和漢古書、特に和古書においては、各書誌的事項の情報源は時代により分野により、さらには個別にも異なっており、すべてに共有できる厳密な優先順位などは存在しない。優先順位を厳密に定めない場合、目録者によってその採録箇所が異なるという場合が生じる。これは常に出される反論だが、たとえそういう場合が生じたとしても、例えばタイトルは「2.0.3.2A カ）注記…タイトルについて、巻頭以外を情報源とした場合は、その情報源を注記する。」ということで、何とか採録箇所の提示はできる。しかし、時代や分野を無視しての一律の優先順位を定めたならば（例えば前述の巻頭と題簽のように）和古書の現実からはほど遠いものとなり、多くの場合に規則の適用そのものが不可となるだろう。各書誌的事項の採録に、常に判断が必要であり時にその判断が分かれるとしても、和漢古書目録規則における情報源の提示は、あくまでその有効度の高いものを示すことに留めるべきで、その方が厳密な優先順位よりははるかに弊害が少ない。

　書名よりもさらに困難なものは責任表示の採録である。従来日本では、著作者というものについての意識そのものが希薄であった。物語や私家集等には作者名の記載など普通にはなかったし、史書や勅撰集等においても多くの写本や版本のうちでどれだけが著者ないしは編者等の記載を持っているだろうか。その一方で近世版本において、巻頭にも見返しにも自序にも著者の記名がある場合、概ね、それらはすべて異なった表記となる。それが日本の記名のあり方である。したがって書名以上に目録者によってその採録箇所が異なる可能性は大きいが、しかしながらやはり、こうした責任表示の採録箇所も書名以上に、その優先順位を一律には確定できない。序文や跋文中の一節に、唯一その著者や編者がさりげなく示されていることも多い。現実的な対応としては、その情報源を注記に示す（書名と同じく巻頭以外を情報源とした場合としてもよいだろう）ことになるだろうか。

---

2) 中野三敏『江戸の版本』（岩波書店、1995.12 p.243-244）、廣庭基介・長友千代治『日本書誌学を学ぶために』（世界思想社、1998.5 p.177）等参照。

○版本と書写資料とを分けて情報源を提示した時の、各種用語の問題について
　―和古書において、版本と写本との目録規則を別々に提示することの困難―

　NCRの場合、刊本と写本とが章を分けて取り扱われているために、その分情報源の提示等がかえって難しい……という印象を受けた。同じ言葉が、版本に使う場合と写本に使う場合とで、その言葉の持つ意味合いが微妙に違い、重要度が全く異なってくる。

　「奥書」「識語」というのも難しい言葉で、未だ一つの定義では確定して使えない。「奥書」という言葉はもちろん版本・写本両方に使うが、ただし実際の目録記述の上からは、主としては書写奥書について使用していくことが多いと思う。本文の末あたりにその本の成立・流伝・筆写等について、それらの直接の関係者が書いた記事を概しては奥書という。また「識語」は「奥書」と同じとする見解も本来的には確かにあるが、しかし目録記述上の用語としては、その本の所蔵・考証等の情報を持つ、後からの（後人）書入というものに限定して使用していく方向が主流であると思う。

　「奥書」「識語」ともに、写本の場合にはまず書写者そして書名・著者名等の極めて大切な情報源で、版本における場合とはその重要度は比較にならない。

　版本の場合「奥書」は、辞書などでは「奥付」に同じとの意味も書いてはある。しかし実際に版本目録記述上の用語としては、その意味では使わないだろう。現実に記述において使用する場合は、多くはその版本の底本となった元の書写本の奥書が一緒に刻してある時に仕方なく使う。仕方なくというのは、やはり書写本に極めて重要な特異な用語であるから、版本にはそうたやすく使わないし、できれば使いたくない、という気持ちが大きい（その版本の底本となった写本の奥書が本文と共に刻してある場合で、注記等に転記の必要があるとき、天理図書館では「奥書を刻す」として、写本の場合の「奥書」と書き分けている）。

　例えば、中野三敏氏『江戸の版本』[3]、長友千代治・廣庭基介等氏『日本書誌学を学ぶために』[4]には、「奥書」という言葉は両者ともに「版本・写本両用に使う」とされながらも、見出し語以外には、ほぼ写本の説明時にしか使用されていない。意図されてのことではないにしても、やはり写本についての重要な用語であるという感覚は濃厚に働いていると思う。

　「外題」という言葉も、版本に限っての情報源の提示の場合には「題簽」と並べてトップに持ってくることは苦しいだろう。NCR用語解説の「外題」は広義の（内側にある題すべての「内題」に対しての「外題」、外側つまり表紙・裏表紙にある題すべて）「外題」本来的な意味での解説がなされている。しかし、実際にNCR条文（上記引用）のこの情報源の言葉の並び、また注記の転記見出し語としての「外題」の使い方を見ると、狭義の意味（「題簽」に対するもので、表紙に直接に記された題）でしか「外題」は使われていない。「外題」の本来的な意味はもちろんあるけれども、実際の目録記述上では意味が重ならないように限定して使っていく……という使用の仕方となっている。これはNACSIS-CATの「コーディングマニュアル」（以下「CM」と略称）[5]においても同様で、実際

---

3) 注2前掲。中野三敏『江戸の版本』岩波書店、1995.12

4) 注2前掲。廣庭基介・長友千代治『日本書誌学を学ぶために』世界思想社、1998.5

5) 「和漢古書に関する取扱い及び解説」
http://www.nii.ac.jp/CAT-ILL/manuals/wakan_toriatsukai.doc(pdf)
「コーディングマニュアル（和漢古書に関する抜粋集）」
http://www.nii.ac.jp/CAT-ILL/manuals/wakan_cm.doc(pdf)

の目録記述上の用語としては、そうならざるを得ないところがある。でなければ「外題」の中に「題簽」その他が含まれてしまう。

　外題が題簽に対するものであるとき、版本においてその有効度は低くなる。版本への墨書外題は後補である（ごく稀には表紙に直接の刷外題もあるが、これは例外的な数）。本来的な「題簽」と同列には扱えない（ただし朝鮮本の場合には事情が異なる[6]）。

　今は用語の定義そのものを問題にしているのではなく、従来、特に和古書目録では伝統的に刊本と写本との混排が行われてきたので、「外題」とか「奥書」とか「識語」等が、版本・写本の両方の情報源を一緒に書いているからこそ並べて書けるし、その定義・意味をあまり突き詰めないでいられたのだが、これを分けて、改めてそれぞれの情報源としてあげるとなると、違和感を覚える用語が出てくる。改めてその定義とまではいかなくとも、その意味が気になって、説明の必要が出てくる……ということである。

　それは多分、日本は近代以前の古書の伝存量が世界のどの国とも比較にならないほどに多いということ、中に書写資料の占める割合が大きいということ、さらにその写本と版本とが相互に影響を受け合っており、文学作品などは特に室町末期以降、本文的にも形式的にも相互の影響が著しい。このような世界に比類のない状況に由来すると思われる。

　西洋は15世紀あたりまでは印刷本はなかったし、それ以前の書写資料と言えば、主として聖書を中心とする宗教関係書がほとんどであった。その絶対量も日本と比較しては全く少ない。日本は正倉院文書約1万点から始まって、さまざまな分野の書写資料の伝存量には莫大なものがある。西欧全体と日本一国とが比肩しうる程の量であろう。また印刷本においても活字版・版本ともに様々な様式・技法が多種多様に発達してきた。

　西洋の目録規則の形、印刷本と書写資料とを分けて、古典籍の書写資料を格別なものとして取り扱う形を、和漢古書特に和古書に当てはめることは難しい、困難なことであると思う。

2. 和漢古書目録における、版に関する事項の使用について

> 2.2.1 版表示
> 2.2.1.1（版表示とするものの範囲）版表示には、通常序数と版、または他の版との差を示す「改訂」とか「新」という語と「版」という用語が結びついた形がある。これに若干の語句が付加されていることもある。
> 2.2.1.1D（古）和古書、漢籍については、版の判断が困難である場合、版表示を省略してもよい。省略した場合は、資料中の版に関する語句を注記する。

　このNCRの条文を読むと、「版」の判断が困難であれば版表示は省略しても

---

[6] 朝鮮刊本の場合には、和刻本と違って題簽を欠き、外題は表紙に直接墨書されるのが通例である（黒田亮『朝鮮舊書考』岩波書店、1940.11 p.14等、参照）。

よい。省略した場合には資料中の「版」に関する語句を注記する、ということになろう。ただし、この２つの「版」は別物である。

最初の「版の判断」ということは、多分、版本のいわゆる同定識別を行うときの版。これは対象資料に「版」とあろうがなかろうが、現実にはこの判断は現在手にしている版本１つからではとうてい無理で、したがって常に困難である。

次の「資料中の版に関する語句」といえば、時々には刊記・奥付・見返し等に「新鐫」「新刻」「再刻」「重刊」などとあるが、これらはまた、あってもその言葉通りであるのかどうか、やはり決定的なことはほとんど分からない。そして多いのは「新版」「再版」「新版増訂」また「新版絵入」等と題簽や巻頭にある場合で、これは著作の中身自体が変わる場合がある。その反対に全く中身は同じつまり版木は同じものを使用しているのに、目先を変えて売るために題簽と巻頭にこの文字だけを入れたり、また刊記辺りに入れてみたり、実際全くやっかいな実状である。だからこのような版本の実状において、従来、大変な調査・技量を必要とする版の判断、版次は入れない使わない、例えば長沢規矩也氏の『新編和漢古書目録法』[7]でも「版次の記載はしないほうが正確である」「古書については、版次を記入しない」となるわけだろう。

以上、和漢古書においては、版次にその「資料中の版に関する語句」を安易に持ってくることは、非常にその書誌の判断を誤らせ、書誌記述の理解を混乱させる。また巻頭や角書にこの種の「版」のつく言葉がよくあるが、これらを版次に書けば場合によってはタイトルの採り方が違ってくる可能性があり、これも書誌記述を混乱させる。和漢古書の目録においては「版次の項は使用しない」ということを是非原則としたい。

日本の印刷本は活字よりも版本の方が圧倒的に多かったのだが、版木というものはその修訂・補訂・挿入・削除などが、いわば連続的に積み重ねられていく。版木一枚の中のある特定部分においても、また数枚・数十枚単位の修訂・入れ替えにおいても、その改変は常に積み重ねられる。理論的にはその版木すべてが棄却されるまで続く。実際に同版とは何なのか、その基準すら突き詰めれば不明瞭となっていく。

これに比し西洋古印刷本の場合、グーテンベルグ以来活字版であるために、活字は印刷が終わると本来１字ずつにばらされるものであるから、比較的に版の概念が持ちやすいと言える。しかし、このような西洋古印刷本においても版次の項は使用しないとすることが多い[8]。それはやはり、手引印刷の時代にあっては（いつでも人の手が入るために）版の識別には詳細な調査が必要で、したがって困難、との判断によるものと思われる。

ただし、「資料中の版に関する語句」の重要性は言うまでもない。そうした語句の注記への記録は必須である。目録者は、他館のそうした注記を読みながら手元の本に対する考察を深めるだろう。

---

7) 長沢規矩也『新編和漢古書目録法』汲古書院、1979.4 修 p.69

8) 西欧古印刷本においてはISBD(A)・DCRM(B)ともに版次の項は使用しない。
ISBD(A) http://www.ifla.org/VII/s13/pubs/isbda2.htm#30
DCRM(B) http://www.folger.edu/bsc/dcrb/dcrmbdelta20041215cleancopy.pdf

3. 出版年（刊行年・印行年）の記録について

> 2.4.3.1C（古）和古書、漢籍については、刊行年を「刊」という用語を付して記録する。情報源に「刊」の表示がない場合は角がっこに入れて記録する。
>
> 2.4.3.1D（古）和古書、漢籍については、刊行年とは別に印行年が判明した場合、「印」という用語を付して丸がっこに入れて付記する。印行年のみが判明した場合も、「印」という用語を付して記録する。情報源に「印」の表示がない場合は角がっこに入れて記録する。刊行年、印行年の判別がつかない場合は、「[刊または印]」という用語を付して記録する。

2.4.3.1.C（古）で、版本においては、原則として書くべきは刊行年であるとなっていると思う。刊行年というのは一応その著作が一つの印刷物として形をなしたという時点である。その意味合いと、対象資料の実際の印行年判明は刊行年以上に極めて困難なために、原則としてはまず、条文のように「刊行年」を採るという前提が妥当であると思う。

続いて 2.4.3.1D（古）で、刊行年と印行年との両者が目録記述の中に定位置を得た。これは画期的なことであると思う。

続いて述べるが、この両者の書き分けは実際には全く困難な作業である。現実には、対象資料にある刊記等の年紀を、刊とも印ともまたどちらでもないとの判断ができないままに出版年として記録し、その年紀があまりに対象資料の現実（表紙や紙質その他、また版面の荒れ等）と違和感があれば、注記に「後印本」と書くのが精一杯であろうか。[9]

しかし、それでも版本には、実際に刊行年と印行年とがあるのだから（初版初刷のように、この両者がほとんど一致する場合もあるが）、この両者は常に意識されなければならない。たとえ現在、その記録場所があってもほとんど記述できないとしても、この刊と印との意識を持って目録を採ることは他の書誌記述の質の向上にも大きく影響する。そして将来的には次第に調査が進展して、ものによっては刊と印との記録が入ってくるかもしれない。刊と印との両者に目録記述において確定した場所が与えられたことは、長い目で見て版本目録に大きな進展をもたらすだろう。

ただし条文にもあるように、これはあくまで「判明」することであって、刊記等の年紀がそのまま該当するわけでは決してない。「刊行」と同じ意味で「印行」も使われてきた（図版1参照）。また、初めには刊記も何もなかったものに、刊行後何十年も経ってからの後印時にその後印年があたかも開版時の年紀の如くに加えられる（図版2参照）。後印時に初めの刊記が削られて、後印時の刊記が加えられる（図版3参照）、あるいは初めの刊記はそのままにして、後印時年紀を新たに刊記として付け加える（この場合、表記として刊記が2つ残る）。また最も手間の

9) こうした実状において天理図書館では、刊記はそのままの提示が必要であるとして、注記への必須転記としている。

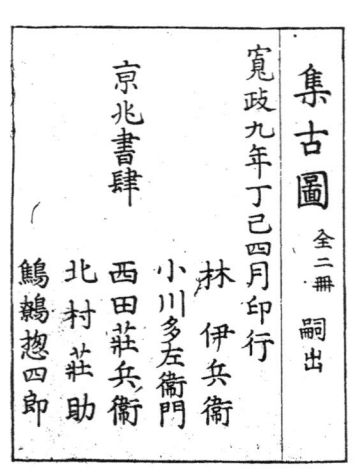

図版1 「好古日録」奥付

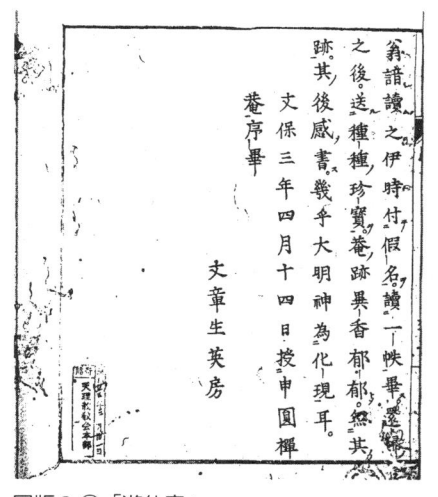

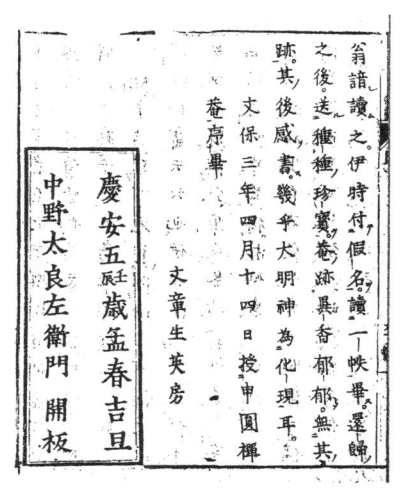

図版2-①「遊仙窟」
（江戸初期刊行時）巻末

図版2-②「遊仙窟」
（慶安5年印行時）刊記

江戸極初期の刊行時は図版2－①のように無刊記。慶安5年後印時に図版2－②のように刊記が入る。

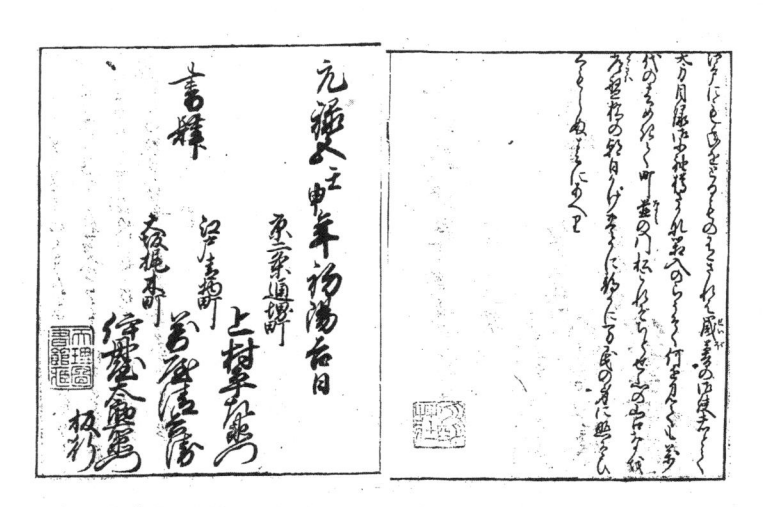

図版3-①「世間胸算用」（元禄5年刊行時）刊記

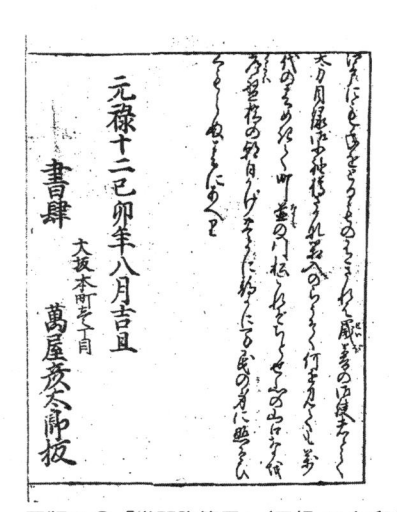

図版3-②「世間胸算用」（元禄12年印行時）刊記

元禄5年刊行時には図版3－①の刊記。後印時に図版3－②のように、もとの元禄5年刊記を除いて、本文末余白に後印時の元禄12年刊記を入木。

かからないことは、版木の所蔵者や出版者が変わっても刊記は放っておいて印行し続ける、あるいは書肆名だけ入れ替える。

　結局、刊記あたりに年紀があっても、そこに「刊」あるいは「印」との表記があっても、それが対象資料の刊行年であるのか印行年であるのかは、対象資料のみからではほとんど分からない。たとえ刊記が2つ残されている場合でも、実際の印行年は2つめの刊記年紀よりもさらにその後、という可能性は常にある。

　したがって、2.4.3.1D（古）の「刊行年、印行年の判別がつかない場合は、「[刊または印]」という用語を付して記録する。」は適切でない。対象資料にある年紀よりも印行年はさらに後という事態は常にあるのだから、その表記の年紀は（かつての昔の刊行年か印行年であって）対象資料の刊行年でも印行年でもないという場合が常にある。よって「判別がつかない場合」は（「刊」とも「印」とも書かず）年に何も付さない、という形しかとれないだろう。

さらにまた「刊または印」という用語にはもう一つ不具合な点がある。それは出版年に相当する年紀がないとき、その代用として序年や跋年を採ることがある（2.4.3.1B）。特に個人家集や雑俳などは、刊記や奥付等を持たないものが（印象としては）2〜3割もあるだろうか。これらを序跋の年紀で採っていく場合に天明2［序］とだけではなくて、そこに続いて［刊または印］と付すとすれば、それはあまりにも不具合、落ち着かないであろうと思う。

　あるいは、ここに年だけで後に何も入れなければ、ダイレクトに印刷資料であることが分かり難いという判断で、「刊写の別」の役割があるのだろうか。しかし必要であればそれは別に考えるべきで、ここにその役割を持たされると目録記述に無理が生じる。

4. 注記の記録について

○当該資料特定に極めて有効な、いわゆる古典書誌学の成果ともいえる通称名が、各特定の書誌的事項注記に分かれていることについて

> 2.7.4.4（古）（出版や頒布等に関する注記）
> 　コ）出版の地域や時期を示す用語を説明する必要があるときは、注記する。
> 　　春日版　伏見版　宋版　蒙古刊本

　確かに、これら例示の用語の出所自体は地域、時代である。しかし情報としては決してそれだけではない。

　「春日版」と言えば出版地だけではなく、その中身の仏教関係というジャンル、版木の様子つまり印刷面の様式、形態等さまざまな情報を持っている。「伏見版」はこの言葉だけで、出版地が伏見であるというばかりではなく、古活字版の一つで、出資者は家康、出版年を1600年頃の10年ほどに限定し、10数点の書目の中の一つであること、さらに木活字版であること等をその情報として伝える。「宋版」も「蒙古刊本」も時代の限定だけではなく、「宋版」であればあの均整のとれた書体・上質の紙・大振りの姿、そして世界で数千点という希少価値、といった情報等。

> 2.7.4.5（古）（形態に関する注記）
> 　カ）印刷、複写の種類について説明する必要があるときは注記する。
> 　　古活字版　丹緑本　石印本　銅版　銅活字版　金属活字版

　「古活字版」は言うまでもなく、活字による印刷という情報ばかりではなく、出版年を近世ごく初期の50年ほどに特定し、そしてほとんどが（例外もあるが）大振りの美濃版という姿。「丹緑本」といえば、やはり寛永から万治頃に時期が特定される（この丹緑本は、初期の絵入り印刷本の絵に、多くは丹と緑を一筆さ

っと色づけてあり、その故の命名だが、これを印刷本の範疇のみには持ってきにくいかと感じる。また、後からの加筆も多く実際には判断が難しい)。「石印本」も印刷の種類だけではなく、制作年代の限定、用紙、滑らかな印刷面、比較的小振りな寸法その他、その情報は多岐にわたる。

> 2.7.4.3（古）（版および書誌的来歴に関する注記）
> ウ）本文の系統等、その資料の性質を特定できる情報がある場合、説明する必要があるときは注記する。
> 　　　　原刻本　流布本　別本　定家本

　上記の例示語句は版本・書写本を含めての、主には本文の系統をいう時に多く使われる言葉だろう。ただし「原刻本」には、その著作の最初の出版といった意味が強い。「原刻本」のような注記は、目録者の極めて詳細な調査研究の基に判明する情報で、タイトルとこの原刻本という言葉で、その本の性質・価値が判断される極めてグレードの高い情報である。「流布本」「別本」は、版本・写本両方に使う。ただし写本の場合には流布本・別本は本文のある特定の系統を示すことが多いが、版本の場合には必ずしもそうではなく「世間に通行している本」ないしは、それとは「別な本」というように一般名詞的なニュアンスを含んで使われることが多いだろう。したがって写本の時にはよく使われるが、版本の書誌記述の中で、実際に系統として流布本ないし別本と書くことは稀だろう。これらも写本と版本とを分けて規定していくときには、気になってくる用語ではある。「定家本」というのは、書写本の本文系統においては重要な位置にあることが多いが、版本の場合に本文の系統等として実際あるのかどうか知らない。

　以上のようなこれらの各種用語は、長い間の書誌学的な成果であって、調査研究によって次第にまとめられて成立してきたそれぞれの言葉である。その言葉には非常に多くの情報があり、一つの言葉でその本を様々な要素において規定する。特定のエリアの説明では決してなく、いわば全体を表現できるものである。前述の例示語句も、各書誌的事項に振り分けることは現実に困難であろう。

　こうした、いわゆる通称名は、注記のトップあたりに位置すべきで、すると他の書誌記述がかなり省略できて、しかも分かりやすく明快なものとなる。またせっかくの用語の場所が分散してしまうことも、あまりにも惜しいと思われる。

【第3章】

1. 通則について

> 3.0 通則
> 　この章では、写本、手稿などの書写資料の記述について規定する。また、その複製物をも対象とする。
> 　文書・記録類の整理については、特に資料の原秩序を尊重し、

10) これら各種の用語について、まとめて把握のできる、旧来からのしっかりした総称としての言葉はない。苦しいところではあるが「書誌学的通称名」という用語を天理（「天理区書館和漢古書目録規則(稿)」）でも使用し、NACSIS-CATの「CM」で使い、国会区書館「国立国会図書館「日本目録規則1987年版　改訂2版」和古書適用細則」でも使用している。とは言え、いかにも未熟で慣れない言葉ではある。あるいは用語ではなく、その意を説明した文章の形でもよいのかもしれない。

> 資料の目的・機能やそれに伴う形成の状態について配慮した、文書館・資料館における整理の基準を参考とする。

　この条文において、以前「文書・記録類」の前にあった「歴史的な」という言葉がなくなり、さらに「複製物をも対象とする」となって、実際にはどこらあたりまでのものが対象となっているのかよく分からなかった。「文書・記録類」について「歴史的な」がなくなったのは、近・現代の行政文書等もこの章の範疇となったのだろう。

　その中で、特に近世文書の取り扱いについて述べたい。

　室町末期までの古文書の場合には、長い時間の経過の中で、所蔵者の移り変わりから原秩序というものがほとんどたどれず、また時代が上がることもあって一点ずつが希少価値も帯びており、大方の図書館ではすでに貴重な古典籍資料と同様に扱われている。

　しかし、近世のいわゆる「家わけ文書」の目録記述となれば、実際にこの第3章でどう取り扱うことになるのかよく分からない。条文中の「資料の原秩序を尊重し、資料の目的・機能やそれに伴う形成の状態について配慮」というのは、概しては一つの家の、主としては家業を中心とする資料の蓄積、その蓄積の形成過程に配慮して、それを壊さない形で、文書の固まりをどう分けるか、どう並べるか、といったまとめ方についての言葉だろう。「家わけ文書」の場合、その並べ方・置き方つまり位置づけで、すでに個々の文書の性格・意味はほとんど決定されてしまっている。このようなまとめ方に配慮した「文書館・資料館の整理の基準を参考とする」わけである。

　しかし実際の目録記述については、各文書館や資料館ではタイトルの採り方からして、一応は資料の表記から採るという態度と、資料の表記の有無に関わらず内容にふさわしいタイトルを目録者が与えるという態度が、機関によってまた人によって異なり、それらが並存している状況である。また各家の目録はそれぞれに冊子となっていて、その目録規則は各凡例でしかたどれないのが現実である。

　この章で近世家わけ文書をも取り扱うのであれば、大変困難ではあるが、やはり文書分野との話し合い・検討がもたれて、NCRとしての取り扱いがある程度規定されていかなければ、現実には、文書館・資料館及び相当施設等を抱えている所以外には、相変わらずその取り扱いは困難なままではないだろうか。

2. 書写資料における、版に関する事項の使用について

> 3.2.1.1（版表示とするものの範囲）書写資料には出版に当たる版はないが、一つの書写資料にいくつかの稿が存在することがあり、それによって書写資料を区別できることがある。

　条文だけで言えば全くその通りだと思われる。一つの作品にいくつか稿が存在することがあって、それによって資料を区別できることがあり、それは書ければ

実に有効なグレードの高い情報となる。ただし、それが版表示に書かれることが問題である。

まず一つはこの、一つの書写資料にいくつかの稿が存在するという範囲があまりにも広い（NCR の条文では、主としては近代作家の原稿等が想定されているのではないかと思われるが）。例えば、わかりやすい例として勅撰集がある。撰者達が編纂したものを天皇ないし上皇に奏覧する。一回目のものが嘉納されないときには、少し或いは大幅に収録歌の入れ替わったものがまた奏覧される。これが第2次。3次・4次……とあるものもあるが、またその他に撰者がそれに納得がいかなくて、個人的に編纂し直したものが流れる。こうしたものがそれぞれに写されて本文の系統となっていく。

こうした本文の系統の派生の仕方には極めて種々多様なものがあるが、しかし、こうしたものの中から特に一部を版表示に取り上げていくことは、その採否の判断基準も分からず、実際には、書誌記述及びその読みに混乱を生じるばかりではないだろうか。

時に、特に自筆本等においては、こうした幾つかの稿の段階が確かにたどれるものがある（本館でも、著名なところでは伊藤仁斎の稿本集や、宣長の古事記伝の稿本など。また近代作家の原稿にも、そうした段階のたどれるものがある）。しかし実際にそれらの資料を分けて明確に位置づけていくことは、それこそ、その人物・作品研究においてもなかなか困難な、大変な調査・作業である。そうした情報をたまたま版表示に書くべきではない。これらは、特に特定された内容分析書誌学的な成果として、注記のトップあたりに持ってくるべきものであるし、初めにその記述があれば、連動して後の注記の記述が容易となり、また読むものも理解しやすい。従来の古典籍目録ではやはりそうしてきたものである。

以上、版本においても書写資料においても、この版表示の項の使用は不可としたい。

3. 書写者・書写年の記録に関して
○書写年の記録について

> 3.4.3.1（書写年とするものの範囲）記述対象とする資料が書写された年。

> 3.4.3.2C　江戸時代までの資料については、表示されている紀年が書写年として適切な場合は、そのまま記録する。

このように改訂されたことは、和漢古書書写資料目録としての有効性に大きく資すると考える。

これまでは「制作年」として「対象資料に表示されている製作の年」を記録することになっていた。この「表示されている」年というものが、和漢古書の書写年に対応するものとしては極めてまずいと感じてきた。古典作品でいえば、本奥

書だけあることが多いので、近世の写しでも資料にあるのは鎌倉や室町頃の年紀ばかりということで、実際の書写年（対象資料の成立年）の情報はないに等しい状況を生み出しかねなかった。

　今回の案の「書写年として適切な場合は」との一文は重要な意味を持つ。和漢古書の書写資料においては、表記の紀年を、対象資料の書写年として採用できるか否かという思考・判断がいつでも不可欠ということだろう。

○「自筆」「転写」「写」という用語について

> 3.4.2.2A　書写者が転写者であると判明した場合は、「転写」という用語を付して記録する。また、自筆であると判明した場合は、「自筆」という用語を付して記録する。書写者が著者であるのか転写者であるのか判断がつかない場合は、「写」という用語を付して記録する。書写者が不明のときは、「［書写者不明］」と補記する。

　「自筆」は従来使われてきたものだが、ある著作を書き写したものについて、それをすべて「転写」と書かなくてはならないのは、これは書写資料の実状を考えたならば、目録記述として現実には極めて書きにくい用語だろう。

　古典籍の世界では旧来「転写」という言葉には、二重三重に書写を重ねた後の（本文的に）程度の低いものに対して使うことが多い。「転写本」とはそういう意味で、いわゆる「また写し」というイメージである。

　また実際に個々の作品を思えば、例えば『平家物語』等の語り物は、その内容も成長過程があり流動的である。本文の系統が難しいものだが、もちろん最終の著作者などは特定できるものではなく、この用語だとどうなるだろう。成立時期（これもなかなか特定はできないが）に近いものは判断が不可だから「写」で、確実に下るものは「転写」だろうか。あるいはむしろすべて「転写」だろうか。また著者が一応特定されていて自筆が伝わっていない作品、『源氏物語』以下のかなりの古典籍すべての写本が「転写」となる。『古事記』も『日本書紀』等も同様である。そして『古今集』の定家筆本は「藤原定家転写」となる。ほとんどの古典籍に対してこの「転写」という用語を使うことは、違和感が大きく実際にはとてもできることではない、という感じを持つ。[11]

　また文書の分野では、「案文」「写」等の従来の用語がある。ここに「転写」の語を持ち込むことは古典籍以上にやっかいではないだろうか。

　ただし一方では確かに、古典籍目録の世界において「写」は「写し」ではなく印刷資料である「刊」に対するもの、書写資料との意味、つまり「刊・写の別」の「写」である、ということは長沢規矩也氏が強調してこられたところである。確かに私達は「刊写の別」という言葉を使う。NCRの今回の案では「写」を「刊写の別」の「写」に統一されたのであろうと思う。しかし書写資料目録記述において書写者の役割として「写」を使う場合には、やはり「写し」の意味で

---

11) 天理図書館「稀書目録」では従来、書写者には「筆」という用語を付して記録してきた。その中で、自筆であると判明した場合には特に「自筆」という用語を付す。

　この方法だと、著者が不明で書写者だけが判明している時、その書写者が作者でもあるのかないしは単に写しているだけなのか判断がつかない場合にも、少なくとも「筆」であることは間違いないので、記述としては書きやすい。ただし、自筆かどうか不明な場合と、確実に写しである場合との書き分けは不可となる。

　しかしながら現実には、古典籍のかなりのものは確実に写しのみであり、反対に、文書等のかなりのものは、本人（著者）であるのかどうか分からない（本人であるのかどうかは、大して問題ではない）場合が多いので、この「筆」という用語は極めて現実的な用語であるとも言える。

使用していかなくては現実に目録記述が困難である。

　「刊」の所でも言及したが、こうした用語は常に2重3重の意味を持つ。「刊」と「写」に刊本と書写資料、つまり「刊写の別」の役割を持たせることが、「刊」と「写」との使い方を不自然にして、実際の出版事項・書写事項の記述に無理が生じていると思う。「印刷本である」「写本である」ということの区別は、その情報を明確に伝える場所を別に考えた方がよいと思う。刊写の別は、ある特定の書誌的記述のごく一部で示されることとは次元が異なるものと考える。

【その他】

○「出版年不明」「書写年不明」の許容について

> 2.4.3.2E（古）（前文略）出版年がどうしても推定できない場合は、「［出版年不明］」と記録する。
> 3.4.3.2C（前文略）書写年がどうしても推定できない場合は、「［書写年不明］」と補記する。

　出版年・書写年ともに「どうしても推定できない場合は」という条件付ながら、「不明」とすることが許容された。これはその伝存年代が1000年を超す和漢古書資料については仕方のない判断とも言える。NACSIS-CATにおいても「出版年・書写年が不明の場合（推定記述も行えない場合）には［出版年不明］［書写年不明］と補記する」（CM　F2.3）との、同様の態度である。[12]

　しかし逆に、1000年を超える出版年の可能性、書写年の可能性を持つからこそ、たとえ極めて大きな年代でしか表現できなくとも何とか推定をするべきであるとも言える。近現代書であれば「不明」としたところで、たかだか100年ちょっとの間だが、和漢古書はそういうわけにはいかない。和漢古書目録において出版年不明、書写年不明の目録とは、現実にいったいどういうものだろうかと考えるべきではないだろうか。

　出版に限れば、寺院版以外はほとんどが近世以降の出版である。「推定記述も行えない」としても「江戸期」とは書けるだろう（そして、できればさらには「前期・中期・後期」あたりまで補記できたら、その書誌の有効度は極めて高い）。ただし、特に書写資料においては困難な場合が多く、その書写年代の推定こそは目録記述の最後まで、最大のポイントではある。

　それでも、和漢古書の目録記述において「その対象資料がいつ頃のものだろうか」という意識を持つか持たないかでは、他の目録記述にもかなりの影響があるはずである。何よりも、その意識が常に要求されるならば目録者のスキルは向上せざるを得ないだろう。特に室町以前のものについては困難な場合が多くなるが、たとえ時代の限定だけであろうとも何とか推定して書くということが、今後の和漢古書目録の質の向上に大きく資すると考える。

12) 注5前掲

第2部　和古書・漢籍について
質疑・討論

（検討会におけるご質問・ご意見を受けて、委員会ではその後さらにこれらの問題点について議論を重ねた。以下の回答には、当日の回答に加え、その後の委員会で検討された内容も含まれている。）

Q 和古書の場合の情報源については、巻頭、題簽、外題等がひじょうに重要であり、現案で良いと思うが、漢籍のタイトルと責任表示の情報源は、むしろ巻頭に限定したほうが良いのではないか。

A 漢籍目録の伝統や、構築されつつある漢籍データベースとの関連を考慮し、タイトルと責任表示の情報源について、漢籍では巻頭を優先する旨の条文を追加する方向で検討している。

Q 出版・頒布等の情報源に、版心が挙がっていないが、出版に関する情報が多くあるので、追加してほしい。

A 版心については、書肆名や蔵版者等の情報が記載されることがある。また、『新編和漢古書目録法』（長澤規矩也著）にも、出版にかかわる情報源のひとつとして挙がっていることから、出版・頒布等の情報源に追加する予定である。

Q 合刻本等の書誌作成単位の規定についての記述が不足している。例えば、「某初、二、三編」とあった場合に、パート部分にあたるのか全く別物とみるのかで、巻冊次となるか、書誌的巻数と連動する部編名的なものになるかの違いがあるので、何らかの規定を入れてほしい。

A 合刻本等の書誌作成単位については、個々の資料ごとに判断し、個別に異なった対応が必要になることも考えられるので、特に規定は設けないことを考えている。固有のタイトルの他に、個々の出版の事情をも勘案することが必要である。

Q 都市名より下のレベル、例えば日本橋の書肆と神田の書肆を、別々の出版地の書肆と考えるのかどうか。出版地をどのレベルで採るのかを明確にして欲しい。

A この件については、発表者の方からも明確にするようにとのご意見があった。出版地は原則として現代の市町村に対応する地名を考えている。記録する際には、下位の地名もそのまま記録するが、同一の市町村に含まれる複数の下位の地名がある場合は、それらを同一の出版地として扱うことができるようにする方向で検討している。

Q 資料に記載されている書肆等について、何を出版者として記録するか、頒布者として適当なものはどれかという判断や、蔵版者、発行者、発兌者、発売者、売弘者、売捌者、製本者をどのように扱うかの規定が欲しい。

A 個々の資料ごとに、出版者とするものを判断して記録することが必要である。その方法や判断基準等については、時代・ジャンルに加えて、個々の資料により異なるため、規定としてまとめることはしない方向で考えている。

Q 個々の図書にかかわる書き入れについて、注記に取り上げられたことはよいと思うが、記録する注記の個所は、内容からではなく、出版時のものか後人によるものかによってまとめたほうが良い。

A 個々の資料のみのものか、出版時のものかで区別することも含め、最終案に向けて注記の順番を検討しているが、基本的にNCR87の注記は条項の順であり、内容による。和古書、漢籍は個別資料ごとに別の記述を作成することから、タイトル、出版、形態等にも、出版時の複数資料に共通のものと後人によるものが入ってくるが、これらを出版時とそれ以降という二重の構成ではなく、内容でまとめて扱う方向で検討している。

Q 和古書、漢籍にかかわる個々の条文を「(古)」を付す形で区別するというのは見にくいところがあるのではないか。注記については、現案でも後ろにまとめているし、AACRにおける初期刊本のように、和古書、漢籍に関する規定は、第2章の最後にまとめたほうが見やすいと思われる。

A 和古書、漢籍についての記述を作成するにあたっては、和古書、漢籍のみにかかわる条文だけではなく、近現代の資料と共通の条文を参照する必要が多くあり、そのためには現状のほうが見やすいと考えて変更は行わない予定である。

Q 版については記述しないほうがよいとの意見があったが、実際の記述対象に、版に関する表示があるからには記述したほうが良いと思う。それをどこに記録するのかがまた問題になるが、版表示の定位置に記録すべきではないかと思う。

A 版表示には、資料中の版に関する表示ではなく、版の異同について記録するという方向で考えているが、検討会での意見交換により、和古書、漢籍の版に関する判断はやはり困難であると考えられる。その代わりに、資料に記載されている版に関する語句については、注記の位置に記録するように条文を変更する方向で検討している。

Q 漢籍について1912年までを対象とする方針は、NIIとも同じであるが、1913年以降にも、中国や台湾の外貨獲得政策により、影印本や叢書が相当大量に出回り、利用者としては漢籍としての採録をして欲しいものも多い。これらについてもどう扱うのかを明記してほしい。

A 民国期以降のものについても、漢籍としての取り扱いが適当なものもあるが、影印本など複製本の場合は、既にある原本の情報についての注記で対応する方向で考えている。

Q 出版者については様々なケースがあり、それを前提とした上で目録記述としては、一定の原則や規則を定めて記録し、熟練を伴うようなそれ以上のことは注記へできるだけ書き込んでいく。原則的には、そういうやり方を考えていかないと目録規則はできないのではないか。

A 目録委員会においても同様に考え、一定の原則となる条項を設けることとし、それ以上の、詳細に検討された結果等については、注記に記録する方向で考えている。

Q タイトルと責任表示の情報源の箇所に見返しや刊記と同様に小口書が並べてあるが、小口書が刊記などとは同レベルとは考えられない。

A 版本における位置づけを考え、その資料に後になって加えられたものということで、識語とともに後方にまとめる予定である。

Q 書誌学が書物を扱い、古文書学が文書記録を扱うという視点からいろいろな目録が作られてきた。その中では、版本と写本は同じ枠組で扱われてきているが、NCR87は、図書と書写資料という異なっ

た枠組の中で処理していこうとしている。元来書誌学の中で使われている言葉はひじょうに含みが多く、NCR87の枠組みにおいては、用語はさらに慎重な検討があっていいのではないかと思う。

A 用語については、今後最終案作成に向けて、版本・写本それぞれにおける使われ方も含め、再度慎重に検討を行う予定である。

Q 書写資料では、もともとシリーズに関する事項については記録しないということになっているが、書写資料の中に文書類が含まれるのであれば、シリーズに関する事項は重要になると思われる。原秩序を尊重するということとシリーズに関する事項をどう活用し、どう見るかということは、たいへん重要なかかわりがあると思う。

A 文書・記録類において、その階層について記録することが、原秩序を表すために重要であると考え、シリーズに関する事項に、それを記録できるような条文を追加する方向で検討している。

Q 13.0.3.2の規定においては、列記されている情報源の順序がそのまま優先順位を表わしていることを前提とした議論だった。しかし、一方、2.0.3.2Aにおいては、優先順位の明示的規定がないということが問題になっている。第13章と第2章で各書誌的事項の情報源の優先順位というものに対する捉え方が違っている。2.0.3.2Aなどにおける情報源の順序は、そのまま優先順位をあらわすのか、そうではないのかを確認しておきたい。

A 和古書、漢籍の情報源については、まず資料全体を見ることが最も重要であり、2.0.3.2Aに挙げた個々の情報源の中から選択する形であるので、それを明示するようにする予定である。

Q 漢籍の目録では、従来、対象資料に書かれているものとは別途に本名で記述を作成するという本名主義の考え方がある。これは標目の問題とも関わってくる。責任表示をどのようにとるかという指針を入れてほしい。

A 漢籍目録の伝統である本名主義を尊重し、漢籍においては資料での表示にかかわらず、本名を記録する別法を追加する方向で検討している。

付 検討会改訂案

日本目録規則(NCR)1987年版改訂2版
第13章改訂案(2004.12.3段階)

13.0 通則

　　この章では，継続資料，すなわち，完結を予定せずに継続して刊行される資料を対象とする。継続資料は，逐次刊行物と完結を予定しない更新資料である。逐次刊行物は，同一のタイトルのもとに，一般に巻次・年月次を追って，個々の部分（巻号）が継続して刊行される資料である。更新資料は，更新により内容に追加，変更はあっても，一つの刊行物としてのまとまりが維持されている資料であり，例えば，加除式資料，更新されるウェブサイトなどがある。

　　また，この章は，会議・大会のニュースレターなどのように逐次刊行物の性質をもっているが刊行期間が限定されている資料，逐次刊行物の複製物，および完結を予定する更新資料をも対象とする。

　　なお，この章の条項が，逐次刊行物もしくは更新資料のみにかかわり，継続資料全体に適用されるものでないときは，その適用範囲を条項内に明示する。

　　この章は，記録媒体などにより，第2章から第12章までとともに適用される。例えば，電子ジャーナルを記述するときは，第9章とこの章の双方を適用して記述する。

13.0.0.1 （記述の原則）書誌的事項は，記述対象を他の資料から同定識別できる範囲で，必要かつ十分なだけ記録する。

　ア）記述対象の内容，範囲，他の資料との書誌的関係などについて記録することもある。
　イ）書誌的事項は，ISBDに基づく構成順位で，組織的に記録する。
　ウ）ISBD区切り記号を，書誌的事項の区切りと識別のための手段とする。

13.0.1 記述の範囲

　　ある資料を他の資料から同定識別する第1の要素はタイトルである。しかし，同一タイトルの他の資料から，あるいは同一著作の他の版から，当該資料を同定識別するためには，責任表示，版次，順序表示，出版・頒布等に関する事項，形態に関する事項，シリーズに関する事項等も記録しておく必要がある。また，その資料の付属資料や内容細目なども記録することがある。

13.0.2 記述の対象とその書誌レベル

13.0.2.1 （記述の対象）原則として継続資料の全体を記述の対象とする。

13.0.2.1A 継続資料においては，本タイトルや責任表示が変化することがある。本タイトルや責任表示の変化は，重要な変化と軽微な変化に区別する。重要な変化は変更ともいう。

　　逐次刊行物では，本タイトルあるいは責任表示に重要な変化が生じた場合，別の新しい書誌的記録を作成する。軽微な変化の場合，新たな書誌的記録は作成しない。（13.1.1.3，13.1.5.3，13.7.1.1，13.7.3.1カ），13.7.3.1A エ），13.7.3.2B 参照）

　　更新資料では，本タイトルおよび責任表示にどのような変化が生じた場合も，新たな書誌的記録は作成しない。本タイトルあるいは責任表示を変化後のものに改める。（13.1.1.3，13.1.5.3，13.7.1.1，13.7.3.1 カ）参照）

13.0.2.1B 本タイトルあるいは責任表示の重要な変化以外で，別の継続資料とみなして別の新しい書誌的記録を作成するのは，次の場合である。

　ア）継続資料の版表示に，対象範囲や主題が変わったことを示す変化があるとき（13.2.1.3 参照）

イ）継続資料の資料種別が変わったとき

　　ウ）逐次刊行物の累積版が同一タイトルで刊行されるとき

13.0.2.2（記録の書誌レベル）記述の対象に応じて，次に示す書誌レベルの書誌的記録を作成する。

　　　記述の対象　　　　　記録の書誌レベル

　　　継続資料　　　　　　継続刊行レベル

　　　構成部分　　　　　　構成レベル

13.0.2.3（継続刊行レベルの記録）継続資料を記述の対象とするときは，継続刊行単位を記述の本体とする書誌的記録を作成する。その記録は，継続刊行単位，集合単位，構成単位の順とする。集合単位はシリーズに関する事項，構成単位は内容細目として記録する。逐次刊行物は，原則として集合レベルの記録は作成しない。

13.0.2.3 別法　集合単位のタイトルを共通タイトルとし，継続刊行単位のタイトルを従属タイトルとして記録する。（13.6.1.1 別法参照）

13.0.2.3A　2以上の集合単位もしくは構成単位があるときは，書誌階層において上位レベルのものから順次記録する。

13.0.2.3B　継続刊行レベルの記録の記載（出力）様式については，第Ⅰ部の記述付則1に示す。

13.0.2.4（構成レベルの記録）構成部分を記述の対象とするときは，それぞれの構成単位を記述の本体とする書誌的記録を作成する。その記録は，構成単位，継続刊行単位，集合単位の順とする。

13.0.2.4A　2以上の集合単位があるときは，書誌階層において下位レベルのものから順次記録する。

13.0.2.4B　構成レベルの記録の記載（出力）様式については，第Ⅰ部の記述付則1に示す。

13.0.2.5（合冊刊行される逐次刊行物の記録）合冊刊行される逐次刊行物については，それを構成するそれぞれの逐次刊行物を個々の継続刊行単位として，書誌的記録を作成する。

13.0.3　記述の情報源

13.0.3.0（記述の基盤）**逐次刊行物**については，記述の基盤は，初号（本タイトルあるいは責任表示の重要な変化により新しい書誌的記録を作成した場合は，変化後の最初の号）とする。初号の情報が不明のときは，入手できた最初の号を記述の基盤とし，その号の巻次を注記する。（13.7.3.0 ア）参照）

　　更新資料については，記述の基盤は，出版開始年を除き，最新号とする。

13.0.3.1（記述の情報源）記述は，そのよりどころとすべき情報源に表示されている事項を，転記の原則（1.0.6.1 参照）により，そのまま記録する。記述のよりどころとする情報源は，次の優先順位とする。

ア）印刷形態の継続資料

　（1）表紙または標題紙のある**逐次刊行物**

　　①　表紙，標題紙，背，奥付

　　②　当該資料の他の部分

　　③　当該資料以外の情報源

　（2）表紙または標題紙のある**更新資料**

　　①　標題紙（標題紙裏を含む），奥付，背，表紙

　　②　当該資料の他の部分

　　③　当該資料以外の情報源

　（3）表紙および標題紙のないもの

　　①　題字欄等

　　②　当該資料の他の部分

　　③　当該資料以外の情報源

イ）印刷形態以外の継続資料　関連する各章において規定するところによる。

13.0.3.1A　複製物はその原資料ではなく，複製物自体を情報源とする。原資料の書誌的事項が複製物のものと異なる場合，これを注記する。ただし，順序表示に関する事項については原資料の情報を記録する。（13.1.0.3，13.3.0.3，13.4.0.3，13.5.0.3，13.7.1.1B，13.7.3.2C，13.8.0.3 参照）

13.0.3.1A 別法　複製物はその原資料を情報源とする。複製物の書誌的事項が原資料のものと異なる場合，これを注記する。（13.1.0.3 別法，13.3.0.3，13.7.1.1B 別法，13.7.3.1 ク），13.7.3.1A オ），13.7.3.8A，13.8.0.3 別法参照）ただし，版に関する事項，出版・頒布等に関する事項，形態に関する事項については複製物自体の情報を記録する。これらの事項について，原資料の書誌的事項が複製物のものと異なるときは，これを注記する。（13.4.0.3，13.5.0.3，13.7.1.1B 別法，13.7.3.2C 参照）

13.0.3.2　（各書誌的事項の情報源）印刷形態の継続資料については，各書誌的事項の情報源は，次のとおりとする。

　　ア）タイトルと責任表示

　　　　表紙または標題紙のある**逐次刊行物**：表紙，標題紙，背，奥付

　　　　表紙または標題紙のある**更新資料**：標題紙（標題紙裏を含む），奥付，背，表紙

　　　　表紙および標題紙のないもの：題字欄

　　イ）版……ア）に同じ

　　ウ）順序表示……その継続資料から

　　エ）出版・頒布等……ア）に同じ

　　オ）形態……その継続資料から

　　カ）シリーズ……ア）に同じ

　　キ）注記……どこからでもよい

　　ク）標準番号，入手条件・定価……どこからでもよい

　　印刷形態以外の継続資料については，各書誌的事項の情報源は，関連する各章において規定するところによる。

13.0.3.2A　記述対象によるべき情報源がない場合，参考資料をはじめとして，可能な限りの情報源を調査して，必要な書誌的事項に関する情報を入手し，これを記録する。

13.0.3.2B　所定の情報源以外から得た書誌的事項は，補記の事実を示すため角がっこに入れて記録する。情報の出典について注記することができる。

13.0.4　記述すべき書誌的事項とその記録順序

　　記述すべき書誌的事項とその記録順序は，次のとおりとする。

　　ア）タイトルと責任表示に関する事項

　　　（1）本タイトル

　　　（2）資料種別（任意規定による事項）

　　　（3）並列タイトル

　　　（4）タイトル関連情報

　　　（5）責任表示

　　イ）版に関する事項

　　　（1）版表示

　　　（2）特定の版にのみ関係する責任表示

　　　（3）付加的版表示

　　　（4）付加的版にのみ関する責任表示

　　ウ）順序表示に関する事項

　　　（1）順序表示

エ）出版・頒布等に関する事項
   （1）出版地，頒布地等
   （2）出版者，頒布者等
   （3）出版年，頒布年等
   （4）製作項目（製作地，製作者，製作年）
オ）形態に関する事項
   （1）特定資料種別と資料の数量
   （2）その他の形態的細目（使用しない）
   （3）大きさ
   （4）付属資料
カ）シリーズに関する事項
   （1）本シリーズ名
   （2）並列シリーズ名
   （3）シリーズ名関連情報
   （4）シリーズに関係する責任表示
   （5）シリーズの標準番号
   （6）シリーズ番号
   （7）下位シリーズの書誌的事項
キ）注記に関する事項
ク）標準番号，入手条件に関する事項
   （1）標準番号
   （2）キイ・タイトル（任意規定による事項）
   （3）入手条件・定価（任意規定による事項）

13.0.4.1（2言語以上の同一書誌的事項）同一書誌的事項が2言語（文字）以上で表示されている場合，並列タイトルと並列シリーズ名およびそれらのタイトル関連情報に限って2言語以上で記録し，それ以外の書誌的事項は本タイトルまたは本文の言語と一致するもののみを採る。

13.0.5　記述の精粗

　　この規則では，国際的な書誌記述の基準であるISBDで定めている書誌的事項を記録することを原則とする。しかし，それぞれの図書館等における適用では，その規模や方針に応じて，記録すべき書誌的事項の取捨選択を行うことができる。

　　以下に，記述の精粗について，必須，標準，詳細の別による3水準を示す。

ア）第1水準　必須の書誌的事項

　　　　本タイトル△／△最初の責任表示．△―△順序表示．△―△出版者または頒布者等．△―△（本シリーズ名）．△―△標準番号

イ）第2水準　標準の書誌的事項

　　　　本タイトル△［資料種別］△：△タイトル関連情報△／△責任表示．△―△版表示．△―△順序表示．△―△出版地または頒布地等：△出版者または頒布者等，△出版年または頒布年等．△―△特定資料種別と資料の数量△；△大きさ△＋△付属資料．△―△（本シリーズ名，△シリーズの標準番号△；△シリーズ番号．△下位シリーズの書誌的事項）．△―△注記．△―△標準番号

ウ）第3水準　本規則において規定するすべての書誌的事項

13.0.6　記録の方法

13.0.6.1（転記の原則）資料を記述するとき，次の書誌的事項は，原則として記述対象に表示されているままに記録する。

　ア）タイトルと責任表示に関する事項

　イ）版に関する事項

　ウ）順序表示に関する事項

　エ）出版・頒布等に関する事項

　オ）シリーズに関する事項

13.0.6.1A　ローマ字，キリル文字などを用いる洋資料を記述する場合，タイトルと責任表示に関する事項以外は，所定の略語（付録2参照）を使用する。また，次に示す略語は，言語にかかわりなく，ローマ字を用いる言語による記述すべてに使用する。ローマ字以外の言語では，これらに相当する略語を用いる。

　　　　et al. ＝ほか

　　　　s.l. ＝出版地不明

　　　　s.n. ＝出版者不明

13.0.6.2（目録用の言語・文字）形態に関する事項や注記に関する事項においては，特に記述対象から転記する必要がある事項以外，原則として日本語によって記録する。（0.6.1参照）

13.0.6.2 別法　洋資料を記述する場合，形態に関する事項や注記に関する事項などにおいては，目録用の言語として英語を用いる。

13.0.6.3（文字の転記）漢字は，原則として所定の情報源に使用されている字体で記録する。楷書以外の書体は楷書体に改める。かなはそのまま記録するが，変体がなは平がなに改める。ローマ字，キリル文字等外国の文字も，原則としてそのまま記録するが，大文字の使用法およびISBD区切り記号以外の句読点の使用法は，当該言語の慣習に従う。また，文字の大小の表示は再現せず，全部同一の大きさの文字で記録する。

13.0.6.3 別法1　常用漢字表に収録されている漢字は，常用漢字表にある字体を使用する。

13.0.6.3 別法2　洋資料を記述する場合，ローマ字しか再現できない印刷方法，文字コード表などを用いるときは，ローマ字以外の文字をローマ字化する。

13.0.6.4（数字の記録）タイトルと責任表示に関する事項においては，数字はそのままの形で転記する。その他の書誌的事項においては，数量や順序などを示す数字はアラビア数字とする。ただし識別のために二様以上の数字を用いる必要があるときは，そのままの形で記録する。

13.0.6.5（再現不能の記号等の記録）記号等は原則としてそのまま記録する。採用する印刷方法や文字コード表などによって，表示のとおり転記することが不可能な記号等は，説明的な語句におきかえ角がっこに入れる。さらに注記することができる。（2.0.6.5の例参照）

13.0.6.6（誤記，誤植）書誌的事項の明らかな誤りは正しい形に訂正し，訂正したことが明らかになるような方法で記録する。もとの形は注記することができる。脱字は補記するが，この場合，角がっこ（一対）の前後にスペースを置かない。

13.0.6.7（ISBD区切り記号法）

13.0.6.7A　各書誌的事項を同定識別するために，ISBD区切り記号を用いる。区切り記号によって，明確にそれぞれの書誌的事項を指示することにより，別言語の場合を含め，書誌情報の理解を容易にすることができる。ISBD区切り記号の使用は，書誌情報の交換の場において有効である。（ISBD区切り記号以外の句読法と，ISBD区切り記号であっても一般的でないもの，および条文・例示におけるスペースの指示記号については，付録1を参照）

13.0.6.7B

　（1）次に示す区切り記号を書誌的事項の前に用いる。区切り記号の前後はスペース（この規則では△

で示す）とするが，コンマ（,），ピリオド（.）は区切り記号（丸がっこ，角がっこなど）に続くスペースを置かず，後ろにのみスペースを置く。丸がっこ（（ ）），角がっこ（［ ］）は一対で一つの区切り記号となるので，丸がっこ（一対）または角がっこ（一対）の前後にスペースを置く。ただし，丸がっこまたは角がっこの前後のスペースが隣接する他の区切り記号のスペースと重なるときは，スペースを一つとする。

(2) 略語で終わる場合，区切り記号としてのピリオド（.）と重なるときは，略語を示すピリオドを省く。

(3) 同一の書誌的事項が2以上重複する場合，各事項ごとに所定の区切り記号を前に置く。

ア）ピリオド，スペース，ダッシュ，スペース（. △—△）：次にあげる事項の前に置く。改行した場合，その前に区切り記号を置かない。

　(1) 版に関する事項
　(2) 資料（または刊行方式）の特性に関する事項
　(3) 出版・頒布等に関する事項
　(4) 形態に関する事項
　(5) シリーズに関する事項
　(6) 注記に関する事項
　(7) 標準番号，入手条件に関する事項

　　（同一の事項が2組以上あるとき，それぞれの組の中間にも同一区切り記号を繰り返し使用する）

イ）ピリオド，スペース（. △）：次にあげる事項の前に置く。

　(1) 共通タイトルのあとに記録する従属タイトル
　(2) 総合タイトルがない場合の，責任表示の異なる2番目以降の個々のタイトル
　(3) 下位シリーズ名

ウ）コンマ，スペース（, △）：次にあげる事項の前に置く。

　(1) 付加的版表示
　(2) 出版年，頒布年等，製作年
　(3) シリーズの標準番号

エ）スペース，コロン，スペース（△：△）：次にあげる事項の前に置く。

　(1) タイトル関連情報（個々の情報ごとに）
　(2) 出版者，頒布者等，製作者
　(3) その他の形態的細目
　(4) シリーズ名関連情報
　(5) 下位シリーズ名関連情報
　(6) 入手条件・定価

オ）コロン，スペース（：△）：次にあげる事項の前に置く。

　(1) 注記の導入語句と注記本体
　(2) 多段階記述様式等における巻次等とタイトル（1.10.1.2 をも参照）

カ）スペース，セミコロン，スペース（△ ; △）：次にあげる事項の前に置く。

　(1) 2番目以降の，次の事項に関係する責任表示
　　① 本タイトル
　　② 版表示
　　③ 付加的版表示
　　④ 本シリーズ名

⑤　下位シリーズ名
　（2）同一責任表示の2以上の連続しているタイトルの2番目以降の各タイトル
　（3）2番目以降の各出版地，頒布地等
　（4）大きさ
　（5）シリーズ番号，下位シリーズ番号
キ）スペース，斜線，スペース（△／△）：次にあげる事項に関係する最初の責任表示の前に置く。
　（1）本タイトル
　（2）版表示
　（3）付加的版表示
　（4）本シリーズ名
　（5）下位シリーズ名
ク）スペース，等号，スペース（△＝△）：次にあげる事項の前に置く。
　（1）並列タイトル，並列シリーズ名等の並列情報
　（2）キイ・タイトル
　（3）逐次刊行物に2以上の順序表示がある場合の別方式の順序表示
ケ）スペース，プラス記号，スペース（△＋△）：付属資料の前に置く。
コ）スペース，角がっこ（一対），スペース（△［　］△）：次にあげる事項のほか，情報を補記する場合に用いる。（付録1をも参照）
　（1）資料種別
　（2）出版者，頒布者等に補記する役割表示
サ）スペース，丸がっこ（一対），スペース（△（　）△）：次にあげる事項のほか，情報を付記する場合に用いる。（付録1をも参照）
　（1）製作項目（製作地，製作者，製作年）
　（2）付属資料の形態的細目
　（3）シリーズに関する事項
　（4）標準番号または入手条件に関する説明語句

13.0.6.7B　別法　和資料（漢籍等を含む）の書誌記述において，ISBD区切り記号を省略する。

13.0.6.8（記入における記述の記載位置）冊子目録，MARCレコードから出力した場合のマイクロ形態の目録，オンライン端末の画面の表示様式などでは，記入における記述の記載位置を，利用目的に応じて個別に定めることができる。目録用標準カード（75 × 125mm）を用いた場合，記述の記載位置は付録5の例による。

13.1　タイトルと責任表示に関する事項

13.1.0　通則

13.1.0.0（記述の意義）タイトルの存在は，書誌的記録成立の必須要件である。タイトルは，記述対象を構成する著作の知的・芸術的内容等に関する責任表示などとともに，記述の冒頭に記録する。（タイトルの表示がないときは13.1.1.2Bを参照）

13.1.0.1（書誌的事項）記録すべき書誌的事項と，その記録順序は次のとおりとする。
　ア）本タイトル
　イ）資料種別（任意規定による事項）
　ウ）並列タイトル
　エ）タイトル関連情報
　オ）責任表示

13.1.0.2（区切り記号法）
   ア）資料種別は，角がっこに入れる。角がっこ（一対）の前後にスペース（△［　］△）を置く。
   　　（13.0.6.7B（1）参照）
   イ）各並列タイトルの前には，スペース，等号，スペース（△＝△）を置く。
   ウ）従属タイトルの前には，ピリオド，スペース（．△）を置く。
   エ）総合タイトルがない場合の，責任表示の異なる2番目以降の個々のタイトルの前にはピリオド，スペース（．△）を置く。
   オ）総合タイトルがない場合の，責任表示が同一な2番目以降の個々のタイトルの前には，それぞれスペース，セミコロン，スペース（△；△）を置く。
   カ）タイトル関連情報の前には，各情報ごとに，スペース，コロン，スペース（△：△）を置く。
   キ）最初の責任表示の前には，スペース，斜線，スペース（△／△）を置く。
   ク）2番目以降の各責任表示の前には，スペース，セミコロン，スペース（△；△）を置く。
   　　　　本タイトル△［資料種別］△＝△並列タイトル△／△責任表示△；△第2の責任表示
   　　　　共通タイトル．△従属タイトル△［資料種別］△／△責任表示
   　　　　最初のタイトル△［資料種別］△／△責任表示．△2番目のタイトル△／△責任表示
   　　　　最初のタイトル△［資料種別］△；△2番目のタイトル△／△責任表示
   　　　　本タイトル△［資料種別］△：△タイトル関連情報△：△2番目のタイトル関連情報△／△責任表示

13.1.0.3（複製物）複製物の場合，原資料ではなく複製物自体のタイトルと責任表示に関する事項を記録する。原資料のタイトルと責任表示に関する事項が複製物のものと異なるときは，これを注記する。（13.0.3.1A，13.7.1.1B，13.7.3.2C参照）

13.1.0.3 別法　複製物の場合，原資料のタイトルと責任表示に関する事項を記録する。複製物のタイトルと責任表示に関する事項が原資料のものと異なるときは，これを注記する。（13.0.3.1A別法，13.7.1.1B別法，13.7.3.1 ク），13.7.3.1A オ）参照）

13.1.1　本タイトル

13.1.1.1（本タイトルとするものの範囲）記述対象とする継続資料全体を通じて共通する固有の名称が本タイトルである。本タイトルとするもののなかには次に示すようなものもある。
   ア）総称的な語のみのもの
   　　　研究報告
   　　　紀要
   　　　Journal
   イ）数字や略語のみのもの
   　　　705
   　　　A. E. U.
   　　　NII
   ウ）団体名または個人名のみのもの
   　　　高知市民図書館
   エ）識別上必要な数や文字と不可分なもの
   　　　CD ランキングベスト10
   　　　37 design & environment projects
   オ）別個に刊行された部または編などのタイトルで，本体をなす共通タイトルと部編名などの従属タイトルからなるもの

　　　　　ゴルフ場全国コースガイド．△西日本編
　カ）本文と同一言語でないタイトル（本文の言語を注記する）（13.7.3.0 エ）参照）
　　　　　Super PC engine fan deluxe
　　　　（注記「本文は日本語」）
　キ）刊行頻度をふくむもの
　　　　　月刊アドバタイジング
　　　　　季刊人類学
　　　　　Monthly external trade bulletin

13.1.1.1A　継続資料が部または編に分かれて刊行されている場合，部編名が同一のタイトルのもとに表示されているときは，同一のタイトルを共通タイトル，部編名を従属タイトルとして，本タイトルを記録する。

　　　　　鹿児島県立短期大学紀要．△自然科学篇
　　　　　鹿児島県立短期大学紀要．△人文・社会科学篇
　　　　　農業技術研究所報告．△A，△物理統計
　　　　　農業技術研究所報告．△B，△土壌・肥料
　　　　　大分大学学芸学部研究紀要．△人文・社会科学．△A集
　　　　　大分大学学芸学部研究紀要．△人文・社会科学．△B集
　　　　　Historical abstracts.　△Part A,　△Modern history abstracts 1775-1914
　　　　　Historical abstracts.　△Part B,　△Twentieth century abstracts 1914-1970

13.1.1.1B　継続資料が部または編に分かれて刊行されている場合，部編名が同一のタイトルのもとに表示されず，独自のタイトルとしての形態をなしているときは，部編名を本タイトルとし，同一のタイトルをシリーズ名として記録する。

　　　　　社会科学ジャーナル
　　　　（シリーズ名「国際基督教大学学報△；△ⅡB」）
　　　　　アジア文化研究
　　　　（シリーズ名「国際基督教大学学報△；△Ⅲ－A」）
　　　　　Family observer
　　　　（シリーズ名「Employment & social affairs」）
　　　　　Free movement and social security
　　　　（シリーズ名「Employment & social affairs」）

13.1.1.1C　同一情報源に異なるタイトルの表示がある場合，より顕著に表示されているものを，顕著に表示されているものがないときは最初に表示されているものを，本タイトルとして記録し，他のものは注記する。（13.7.3.1 イ）参照）

　　　　　愛知図書館産業資料情報
　　　　（注記「別のタイトル：△愛知県文化会館愛知図書館産業資料情報」）
　　　　　New materials/Japan
　　　　（注記「別のタイトル：△New mater./Jpn」）

13.1.1.1C 別法　同一情報源に日本語と外国語のタイトルの表示があり，本文が日本語の場合，日本語のものを本タイトルとして記録し，外国語のタイトルは注記する。（13.7.3.1 エ）参照）

　　　　　日本腎臓学会誌
　　　　（注記「英語のタイトル：△The Japanese journal of nephrology」）

13.1.1.1D　印刷形態の継続資料では，表紙または標題紙がある**逐次刊行物**の場合，表紙，標題紙，背，奥

付に表示されている各タイトルが異なるときは，表紙，標題紙，背，奥付の優先順位に従って選定した本タイトルを記録し，他のタイトルは注記する。

表紙または標題紙がある更新資料の場合，標題紙，奥付，背，表紙に表示されている各タイトルが異なるときは，共通するタイトルがあればそのタイトルを，なければ標題紙，奥付，背，表紙の優先順位に従って選定した本タイトルを記録し，他のタイトルは注記する。（13.7.3.1 ウ）参照）

印刷形態以外の継続資料で，記述のよりどころとする情報源が2以上ある場合，それらに表示されているタイトルが相違しているときは，これらのタイトル中に同一のものがあればそれを本タイトルとし，全部相違していれば，関連する各章において指示されている優先順位に従って本タイトルを選定し，他のタイトルは注記する。（13.7.3.1 ウ）参照）

13.1.1.2（記録の方法）原則として，記述対象の所定の情報源に表示されているままに記録する。本タイトルの一部分が2行書き，または小さな文字で表示されていても，1行書きとし，全部同じ大きさの文字で記録する。

13.1.1.2A　本タイトルが共通タイトルと従属タイトルからなる場合，共通タイトルの後に続けて従属タイトルを記録する。

　　　　鹿児島県立短期大学紀要．△自然科学篇
　　　　農業技術研究所報告．△A，△物理統計

13.1.1.2B　資料中のどこにもタイトルの表示がないときは，適切な情報源による本タイトルか，目録担当者が決定した簡潔で説明的な本タイトルを補記する。（13.1.0.0 参照）

13.1.1.3（変化）逐次刊行物では，本タイトルに重要な変化が生じた場合，別の新しい書誌的記録を作成する。変化前後のタイトルに対応する書誌的記録の双方に本タイトルの変化について注記する。軽微な変化の場合，新たな書誌的記録は作成しない。変化後のタイトルを注記することができる。（13.0.2.1A, 13.1.5.3, 13.7.1.1A, 13.7.3.1 カ），13.7.3.1A エ），13.7.3.2B 参照）

　　　　東京大学アメリカ研究資料センター年報（最初の変化前に対応する記録）
　　　　東京大学アメリカン・スタディーズ（最初と2回目の変化の間に対応する記録）
　　　　アメリカ太平洋研究（2回目の変化後に新たに作成した記録）

更新資料では，本タイトルにどのような変化が生じた場合も，新たな書誌的記録は作成しない。従来記録していた本タイトルを変化後のタイトルに改める。変化前のタイトルを注記することができる。（13.0.2.1A, 13.7.1.1A, 13.7.3.1 カ）参照）

13.1.1.3A　逐次刊行物の本タイトルの変化において，次の場合を重要な変化とみなす。ただし，13.1.1.3Bに示す場合にも該当するときは軽微な変化とみなして，この条項を適用しない。

ア）本タイトルが日本語の場合，主要な語を他の語に変えたり，追加または削除したとき
イ）本タイトルが日本語の場合，語順に変化が生じたとき
ウ）本タイトルが欧文の場合，冠詞を除いて先頭から5番目までの語を，他の語に変えたり，追加または削除したり，その範囲で語順が変ったとき
エ）本タイトルが欧文の場合，冠詞を除いて先頭から6番目以降の語に変化，追加，削除があり，その結果，本タイトルの意味が変ったり，異なる主題を示すものとなったとき
オ）イニシアルまたは頭字語が変ったとき
カ）言語が変ったとき
キ）本タイトルに含まれる団体名が変ったとき

13.1.1.3A 別法　逐次刊行物の変化についての判断を簡明にするために，句読法等以外の変化は，すべて重要な変化とみなす。

　　　　東亜之光　→　東亜の光

　　　　　　　塩化ビニールとポリマー　→　塩ビとポリマー

13.1.1.3B　逐次刊行物の本タイトルの変化において，次の場合を軽微な変化とみなす。判断に迷う場合は，軽微な変化とする。

ア）本タイトルが日本語の場合，助詞，接続詞，接尾語が他の語に変化したり，追加または削除されたとき

　　原子力発電所より排出される温排水調査の結果について
　　　→　原子力発電所から排出される温排水調査の結果について

イ）本タイトルが日本語の場合，重要な意味を持たない記号が変化したり，追加または削除されたとき

ウ）本タイトルが日本語の場合，逐次刊行物の種別を示す語が類似の語に変化したり，追加または削除されたとき

　　いさはや市政概要　→　いさはや市政概況
　　日本近代文学館ニュース　→　日本近代文学館

エ）本タイトルが欧文の場合，冠詞，前置詞，接続詞が他の語に変化したり，追加または削除されたとき

　　Physics reports of the Kumamoto University
　　　→　Physics reports of Kumamoto University

オ）本タイトルが欧文の場合，スペリングや句読法が変化したり，単語の語形変化があったとき

　　GBB　→　G.B.B.
　　Labour history　→　Labor history
　　Openhouse　→　Open house
　　Accommodations and travel services
　　　→　Accommodations & travel services
　　Constructions neuves & anciennes
　　　→　Construction neuve & ancienne

カ）本タイトルが欧文の場合，逐次刊行物の種別を示す語が追加または削除されたとき

　　Fussball-Jahrbuch　→　Fussball

キ）語順の変化，語の追加または削除が，本タイトルの意味や主題の変化につながらないとき

　　鹿児島大学理学部紀要．数学・物理学・化学
　　　→　鹿児島大学理学部紀要．数学・化学・物理学
　　Kartboken for Oslo, Bærem, Lørenskog, Nesodden, Oppgard, Ski
　　　→　Kartboken for Oslo, Bærem, Asker, Lørenskog, Nesodden, Oppgard, Ski

ク）イニシアルまたは頭字語が完全形に変わったり，逆に完全形がイニシアルまたは頭字語に変わったとき

　　Berichte der Deutschen Gesellschaft für Mathematik und Datenverarbeitung
　　　→　GMD-Berichte

ケ）本タイトルと並列タイトルが入れ替わったとき

コ）言語は変化せずに，文字種の変化があったとき

　　母のくに　→　ははのくに
　　広報たちかわ　→　広報 Tachikawa
　　Four wheel fun　→　4 wheel fun

サ）本タイトルに含まれる団体名の表記に微細な変化，追加または削除があったり，他の語との関連が変化したとき

　　相模原市図書館だより　→　相模原市立図書館だより

　　　　　研究紀要△／△新宿区立新宿歴史博物館編
　　　　→　研究紀要△／△新宿歴史博物館編
　　　　福井県立若狭歴史民俗資料館紀要
　　　　→　紀要△／△福井県立若狭歴史民俗資料館［編］
　　　　Views △／△ Goodridge Area Historical Society
　　　　→　Views from the GAHS
　　　　→　GAHS views

13.1.2　資料種別（任意規定）

印刷形態の継続資料の資料種別は記録しない。印刷形態以外の継続資料の資料種別については，各章の規定による。

　　　　　東亜経済研究△［マイクロ資料］

13.1.3　並列タイトル

13.1.3.0（記録の目的） 2言語以上の出版物や書誌情報流通の国際化に対応し，多元的な検索を可能とするため，並列タイトルを記録する。記述対象の本タイトルと本文の言語および文字は通常一致している。

13.1.3.1（並列タイトルとするものの範囲） 本タイトルとして選定するタイトルと別言語および別の文字（またはその一方）のタイトルで，所定の情報源に表示されているもの。次にあげる場合に記録する。

　ア）本タイトルに対応する別言語および別の文字（またはその一方）のタイトルで，この言語および別の文字（またはその一方）の本文があるもの

　イ）本タイトルと別言語の原タイトル（翻訳資料などの場合）で，別言語の原文はないが所定の情報源に表示されているもの

　ウ）原タイトルがなく，相当する言語の本文も存在しないが，所定の情報源において本タイトルと同等に表示されているもの

13.1.3.1A　総合タイトルのない資料では，個々の著作の，別言語および別の文字（またはその一方）のタイトルを並列タイトルとする。

13.1.3.2（記録の方法） 並列タイトルは，本タイトルに続けて記録する。ただし，本タイトル，並列タイトルともにタイトル関連情報がある場合は，並列タイトルは本タイトルに対するタイトル関連情報に続けて記録する。

　　　　　ドイツ語教育△＝△ Deutschunterricht in Japan
　　　　　Фото-Япония△＝△ Japan pictorial

13.1.3.2 別法　並列タイトルは，注記の位置に記録する。（13.7.3.1 オ）参照）

13.1.3.3（変化）逐次刊行物では，並列タイトルに変化が生じた場合，変化後の並列タイトルを注記することができる。

更新資料では，並列タイトルに変化が生じた場合，従来記録していた並列タイトルを変化後の並列タイトルに改める。変化前の並列タイトルを注記することができる。

13.1.4　タイトル関連情報

13.1.4.0（記録の目的） タイトル関連情報を記録することによって，本タイトルを限定，説明，補完する。

13.1.4.1（タイトル関連情報とするものの範囲） タイトル関連の情報。本タイトルに対するもの以外に，並列タイトルや，総合タイトルのない資料中の各著作のタイトルに対するものもある。情報源における表示の位置は，本タイトルのあとに続くものが多いが，本タイトルの上部や前方の位置に表示されていることもある。タイトル関連情報にはサブタイトルやタイトル先行事項を含む。

13.1.4.2（記録の方法） タイトル関連情報は，本タイトルに対するものは本タイトルに続けて，並列タイトルに対するものは並列タイトルに続けて記録する。ただし，本タイトルと並列タイトルがあり，タイトル

関連情報は本タイトルに対するもののみ存在する場合，タイトル関連情報は並列タイトルに続けて記録する。

   くすのき文化△：△楠町文化協会会誌
   G.P. △：△ general practice in density
   Matekon △：△ translations of Russian & East European mathematical economics
   きざし△＝△ Kizashi △：△愛知県文化振興事業団機関誌
   NII △［電子資料］△：△ National Institute of Informatics △＝△国立情報学研究所
   スラヴ学論叢△：△北海道大学文学部ロシア語ロシア文学研究室年報△＝△ Slavonic studies △：
    △ the journal of the Russian Department, Faculty of Letters, Hokkaido University

13.1.4.2 別法　タイトル関連情報は，縮約または省略する。

13.1.4.2A　2以上のタイトル関連情報があるときは，所定の情報源における表示のままの順で記録する。

13.1.4.3（変化）　逐次刊行物では，タイトル関連情報に変化が生じた場合，変化後のタイトル関連情報を注記することができる。

 更新資料では，タイトル関連情報に変化が生じた場合，従来記録していたタイトル関連情報を変化後のタイトル関連情報に改める。変化前のタイトル関連情報を注記することができる。

13.1.5　責任表示

13.1.5.0（記録の目的）　著作の識別上，責任表示はタイトルとともに重要な役割を果たすので，著作の知的もしくは芸術的内容の創造，ないしは具現（演奏等を含む）に責任を有するか，寄与するところがある個人ないしは団体を，その識別・機能などに関連する語句とともに記録する。また，当該資料がその一部をなす，包括的な資料全体の知的ないしは芸術的内容等に責任を有するものの表示も，資料の識別上有用であるため記録することがある。

13.1.5.1（責任表示とするものの範囲）　責任表示の範囲は，編者をはじめとして，翻訳者，原編者，著者，編さん者などを含む。また通常これらの責任表示における人名や団体名には，その著作への関与のしかた，役割などを示す語句が付加されている。監修者，校閲者，スポンサーとしての団体名等が所定の情報源に表示されているときは，これを責任表示の範囲に含める。

13.1.5.1A　逐次刊行物の個人編者は原則として記録せず，注記する。（13.7.3.1A ア）参照）

13.1.5.1B　資料のタイトル中に表示されていて編者名等と判断されるものは，責任表示としても記録する。
   ユネスコ東アジア文化研究センター事業報告△／△ユネスコ東アジア文化研究センター［編］

13.1.5.1C　記述対象になく，他の情報源から得た責任表示は注記する。（13.7.3.1A ウ）参照）

13.1.5.1D　2以上の個人や団体が表示されている場合，次のようにする。

 ア）同一の役割を果たしているときは，その数にかかわらずこれら全体を一つの責任表示とする。
 イ）原編者と翻訳者のように，異なる役割を果たしているものがあるときは，その役割ごとに別個の責任表示とする。

   本タイトル△：△タイトル関連情報△／△原編者名△；△翻訳者名

13.1.5.1E　一つの責任表示に記録する個人名や団体名の数が2までのときはそのまま記録し，3以上のときは，主なもしくは最初の名称一つを記録し，他は「［ほか］」（外国語形は13.0.6.1A参照）と補記して省略する。記録しなかった個人名や団体名は注記することができる。

13.1.5.1E 別法　一つの責任表示において記録する個人名や団体名の数は，書誌的記録作成機関において，その必要に応じて定める。

13.1.5.2（記録の方法）　その継続資料の編者等に，著作の種類を示す語（編等）を付したものを記録する。
   秋田大学大学院教育学研究科修士論文抄録△／△秋田大学大学院教育学研究科編
   海外の旅行市場現地報告△／△国際観光振興会企画調査部監修

13.1.5.2A　責任表示には，所定の情報源に表示されているもののうち，もっとも適切な表示を選んで記録する。

13.1.5.2B　本タイトルまたはタイトル関連情報によってその編者等がわかる場合も，所定の情報源に責任表示があるときは，それを記録する。

13.1.5.2C　責任表示が2以上ある場合の記録順序は，原則として所定の情報源における表示の順序とする。

13.1.5.2D　団体の名称が内部組織を含めて表示されているときは，内部組織名を省略せず，そのまま記録する。

13.1.5.2E　情報源に表示されていない語句等を責任表示に補記した場合，これを角がっこに入れる。情報源の表示に著作の種類を示す語句がないとき，またはタイトルと責任表示に記録した団体との関連を明らかにする必要があるときは，これを補記する。

13.1.5.2F　識別上必要な場合以外，団体名の冒頭に表示されている法人組織等を示す語は省略する。

13.1.5.3　（変化）逐次刊行物では，責任表示に重要な変化が生じた場合，別の新しい書誌的記録を作成する。変化前後の責任表示に対応する書誌的記録の双方に責任表示の変化について注記する。（13.0.2.1A，13.1.5.3，13.7.1.1A，13.7.3.1 カ），13.7.3.1A エ），13.7.3.2B 参照）責任表示の変化を重要な変化とみなすのは，本タイトルが総称的な語である場合に責任表示が変化したときである。（13.1.1.1A 参照）

　　　　研究紀要△／△東京教育大学附属坂戸高校研究部［編］
　　　　（変化前に対応する記録）
　　　　研究紀要△／△筑波大学附属坂戸高等学校研究部［編］
　　　　（変化後に新たに作成した記録）

　軽微な変化の場合，新たな書誌的記録は作成しない。変化後の責任表示を注記することができる。責任表示の変化を軽微な変化とみなすのは，本タイトルが総称的な語である場合に責任表示の表記に微細な変化，追加または削除があったときと，本タイトルが総称的な語でない場合に責任表示が変化したときである。（13.1.1.1B 参照）

　責任表示の変化が重要な変化か軽微な変化か判断に迷う場合，軽微な変化とする。

　更新資料では，責任表示にどのような変化が生じた場合も，新たな書誌的記録は作成しない。従来記録していた責任表示を変化後の責任表示に改める。変化前の責任表示を注記することができる。（13.0.2.1A，13.7.1.1，13.7.3.1A エ）参照）

　　　　東京大学アメリカ研究資料センター年報　（最初の変化前に対応する記録）
　　　　東京大学アメリカン・スタディーズ（最初と2回目の変化の間に対応する記録）
　　　　アメリカ太平洋研究（2回目の変化後に新たに作成した記録）

13.2　版に関する事項

13.2.0　通則

13.2.0.0　（記述の意義）記述対象がどのような版であるかを示す。そのため版次と，その版の成立に関係する責任表示を記録する。版表示を記録することによって，タイトルと責任表示に関する事項の記録のみでは同定識別できない記述対象が属している版までを特定化できる。

13.2.0.1　（書誌的事項）記録すべき書誌的事項と，その記録順序は次のとおりとする。

　ア）版表示
　イ）特定の版にのみ関係する責任表示
　ウ）付加的版表示
　エ）付加的版にのみ関係する責任表示

13.2.0.2　（区切り記号法）

　ア）版に関する事項の前には，ピリオド，スペース，ダッシュ，スペース（．△―△）を置く。ただし改

行した場合，この区切り記号を用いない。
- イ）付加的版表示の前には，コンマ，スペース（,△）を置く。
- ウ）版表示および（または）付加的版表示に続く最初の責任表示の前には，スペース，斜線，スペース（△／△）を置く。
- エ）2番目以降の各責任表示の前には，スペース，セミコロン，スペース（△；△）を置く。

．△―△版表示△／△責任表示，△付加的版表示△／△責任表示

13.2.1 版表示

13.2.1.0（記録の目的）記述対象の属する版を明らかにするため，特定の版であることを示す。情報源上に表示がなくても，他の版と顕著な差があると認められた場合，適切な語句などを補うことによって，特定の版であることを示す必要がある。出版・頒布等に関する事項で，異版が識別できる場合，特に版表示に補記する必要はない。

13.2.1.1（版表示とするものの範囲）版表示には，通常，他の版との差を示す語と「版」などの用語が結びついた形がある。版表示とするもののなかには，次に示すようなものがある。

- ア）地方版の表示

    日本経済新聞．△―△国際版欧州

- イ）特定対象向けの版表示

    Expert nurse△＝△エキスパートナース△／△照林社［編集］．△―△看護学生版

- ウ）特定の形態または媒体の版表示

    TOPIX & ニュー・インデックス・シリーズ△＝△Topix & new index series△／△東京証券取引所［編］．△―△CD-ROM版

- エ）本文の言語を表す版表示

    中国・韓国経済産業体年鑑．△―△中文版

    Hoard's dairyman : the national dairy farm magazine．△―△日本語版

- オ）複製を示す表示

    北京大学学報．哲学社会科学版△／△北京大学学報編輯委員会［編輯］．△―△復刻版

13.2.1.1A 版表示として扱わないものには，次にあげるものがある。（13.2.1.0参照）

- ア）（逐次刊行物の）巻次，年月次を示す表示
- イ）情報源にない，資料の種別を示す表示
- ウ）定期的な改訂，あるいは頻繁な更新を示す表示

13.2.1.2（記録の方法）情報源における表示のまま記録し，補記した事項は角がっこに入れる。ただし，初版の表示は記録しない。

地上巡禮△／△巡禮詩社△［編］．△―△複製版

良民．△―△復刻版

青年法律家△／△青年法律家協会△［編］．△―△縮刷版

13.2.1.3（変化）継続資料の版表示に対象範囲や主題が変ったことを示す変化がある場合，別の継続資料とみなして，別の新しい書誌的記録を作成する。（13.0.2.1B ア）参照）版表示の表現上の変化などの場合，次のとおりとする。

逐次刊行物では，変化後の版表示を注記することができる。（13.7.1.1, 13.7.3.2A参照）

更新資料では，従来記録していた版表示を変化後の版表示に改める。変化前の版表示を注記することができる。（13.7.1.1, 13.7.3.2A参照）

13.2.2 特定の版にのみ関係する責任表示

13.2.2.0（記録の目的）記述対象の責任表示のうち，記述対象の属する版のみの改訂に関係した個人もしく

は団体，またはその版の補遺的資料の編者などは，版表示の直後に記録することで，この事実を明示する。

13.2.2.1（責任表示とするものの範囲）次に示す版にのみ関係する編者などとする。

ア）特定の一つの版にのみ関係している編者など

イ）2以上の版に関係しているが，すべての版には関係していない編者など（その諸版すべてに関係する編者などは13.1.5による）

13.2.2.2（記録の方法）特定の版にのみ関係している責任表示は，版表示に続けて記録する。記録の方法は13.1.5.2による。

13.2.3 付加的版表示

13.2.3.0（記録の目的）版表示のなかには，階層構造を有するものがある。（例：ある名称を有する版グループ中の一つの版，または別の名称をもっている版など，また特定の版グループ中で，特に改訂，増補等の表示のある刷次もこれにあたる）このような状況に対応するため，通常の版表示に加えて，これをさらに特定化するための版表示が必要となる。2組の版表示を用いることで，特定版の限定という各種の複雑な状況に対応することが可能となる。

13.2.3.1（付加的版表示とするものの範囲）一つの版グループ中の特定版に関するあらゆる種類の版表示を含む。

13.2.3.2（記録の方法）情報源における表示のまま記録する。記録の方法は13.2.1.2による。

13.2.4 付加的版にのみ関係する責任表示

13.2.4.1（責任表示とするものの範囲）付加的版にのみ関係する編者等。

13.2.4.2（記録の方法）付加的版表示の直後に記録する。記録の方法は，13.1.5.2による。

13.3 順序表示に関する事項

13.3.0 通則

13.3.0.0（記述の意義）順序表示は，逐次刊行物の刊行の状態を示すもので，タイトルおよび責任表示だけでなく，この記録によってそれぞれの逐次刊行物が同定識別されることがある。

更新資料では，順序表示は記録しない。

13.3.0.1（書誌的事項）記録すべき書誌的事項とその記録順序は，次のとおりとする。

ア）順序表示（巻次・年月次）

13.3.0.2（区切り記号法）（1.0.6.7参照）

ア）順序表示に関する事項の前には，ピリオド，スペース，ダッシュ，スペース（.△—△）を置く。

イ）初号の順序表示の後にハイフン（−）を置く。巻次に続く年月次は丸がっこに入れる。丸がっこ（一対）の前にスペース（△）を置く。

　　　　　．△—△初号の巻次△（初号の年月次）−

ウ）2以上の表示方式が使われている場合，別方式の順序表示の前にはスペース，等号，スペース（△＝△）を置く。

　　　　　．△—△初号の巻次△＝△初号の別方式の巻次△（初号の年月次）−

エ）順序表示方式に変化があった場合，新しい表示方式の前には，スペース，セミコロン，スペース（△；△）を置く。

　　　　　．△—△古い表示方式の最初の号の巻次△（年月次）−古い表示方式の最後の号の巻次△（年月次）△；△新しい表示方式の最初の号の巻次△（年月次）−

13.3.0.3（複製物）複製物の場合，原逐次刊行物の順序表示を記録する。複製物に別の順序表示があるときは，これを注記する。（13.0.3.1A，13.0.3.1A別法，13.7.1.1B，13.7.1.1B別法，13.7.3.3A参照）

13.3.1 順序表示とするものの範囲

順序表示は，初号（本タイトルあるいは責任表示の重要な変化により新しい書誌的記録を作成した場合は，

変化後の最初の号）と終号（本タイトルあるいは責任表示の重要な変化により新しい書誌的記録を作成した場合は，変化前の最後の号）について記録する。ただし，刊行中のものは初号についてのみ記録する。順序表示とするものの範囲は，記録する号の巻次および年月次である。

    千葉大学社会文化科学研究．△—△創刊号—

   ☆例の追加（巻次，年月次の両方がある場合）

巻次と年月次の表示がない場合，出版年・頒布年等を，順序表示として記録する。

13.3.1.1（初号に巻次，年月次表示のないもの）初号に巻次，年月次の表示のない場合，それに続く号の巻次，年月次に基づいて順序表示を記録する。

13.3.1.2（2以上の表示方式）2以上の順序表示の表示方式がある場合，双方を記録する。

13.3.1.3（変化）順序表示方式に変化があった場合，古い表示方式による表示と新しい方式の表示の双方を記録する。

13.3.1.4（所蔵巻号）所蔵する巻号については所蔵事項に記録する。（13.10 参照）

13.3.2 記録の方法

  順序表示は，巻次，年月次を情報源に用いられている表示そのままに記録する。

  巻次と年月次がともに存在する場合，巻次に続けて年月次を記録し，年月次は丸がっこに入れ，丸がっこ（一対）の前にスペース（△）を置く。

    改造．△—△1巻1号△（大正8年4月）— 36巻2号△（昭和30年2月）

    横浜市立大学大学院紀要．△—△1号△（1993.3）— 3号△（1996.9）

  巻次の表示がない場合，年月次のみを記録する。

    統計でみる社会保険．△—△平成3年度版—

  年月次の表示がない場合，巻次に続けて出版年，頒布年等を丸がっこに入れて記録する。

   ☆例を追加

  巻次と年月次がともに存在しない場合，出版年・頒布年等を，順序表示として記録する。

   ☆例を追加

13.3.2.1（完結したものの順序表示）完結した逐次刊行物の場合，初号の順序表示と，終号の順序表示とを，ハイフン（—）で結んで記録する。

    北大社会学会研究報告資料．△—△1集— 4集

13.3.2.2（刊行中のものの順序表示）刊行中の逐次刊行物の場合，初号の順序表示にハイフン（—）を付して記録する。

    世界．△—△1号△（昭和21年1月）—

    日本獣医師会雑誌．△—△4巻2号△（昭和26年2月）—

    （継続前誌の日本獣医協会雑誌の巻次：1巻1号— 4巻1号）

13.3.2.3（初号に巻次，年月次表示のないもの）初号に巻次，年月次の表示のない場合，それに続く号の巻次，年月次に基づいて，以下のように順序表示を記録する。

    ．△—△［第1巻］—

    ．△—△［第1号］—

    ．△—△［2004］—

13.3.2.4（2以上の表示方式）2以上の順序表示の表示方式がある場合，表示されている順でそれらを記録する。ただし，巻号と通号が併存するときは，通号を別方式として記録する。別方式の順序表示等の前には，スペース，等号，スペース（△=△）を置く。

    ．△—△初号の順序表示△=△初号の別方式の順序表示—

    鉱山．△—△11巻1号△=△101号△（1958）—

13.3.2.5（変化）順序表示方式に変化があった場合，古い表示方式による最初の号と最後の号の表示を記録し，それに続けて新しい方式の表示を記録する。新しい方式の表示の前には，スペース，セミコロン，スペース（△；△）を置く。

．△－△古い表示方式の最初の号の順序表示－古い表示方式の最後の号の順序表示△；△新しい表示方式の最初の号の順序表示－

世界経済評論．△－△26号△（昭和31年6月）－57号△（昭和34年12月）△；△4巻1号△（昭和35年1月）－

13.4　出版・頒布等に関する事項

13.4.0　通則

13.4.0.0（記述の意義）記述対象の出版，発行，公開および頒布，発売等の狭義の出版に関する項目（以下「出版項目」という）ならびに製作，印刷等の製作に関する項目（以下「製作項目」という）を示す。すなわち出版物としての成立状況，版の同定識別（同一原版でも出版者の異なる場合），入手可能性および物としての資料の製作に関することを，以下に示す目的で記録する。

13.4.0.0A　出版地は，出版者の特定や資料の内容等についての判断材料となることがあり，出版者は資料内容の観点や質，情報の信頼性の判定に有用である。出版年は，その記述対象の版が最初に出版された年，すなわち情報内容の収録時点についての情報を明らかにする。

また，頒布地，頒布者によって当該資料の入手先を知ることができる。製作項目を記録することによって，資料の局地性や内容の判定に役立たせることができる。

13.4.0.0B　出版項目のうち，頒布，発売等の項目は，出版，発行等の表示がないとき，その代替情報としての役割を果たす。ただし，それが重要であれば，出版，発行等の項目に付加して記録してもよい。

13.4.0.0C　出版物には，出版項目の他に製作項目が表示されることがあり，後者のみが表示されていることもある。物としての資料の製作にかかわる機能は，情報の流通を目的とする出版，頒布の機能とは区別して扱う。出版物の場合，出版項目が不明のときに製作項目を記録する。ただし，それが重要であれば，出版項目に付加して製作項目を記録してもよい。

なお，出版，頒布の機能と製作の機能が未分化であるか，両者の関係が明確でないときは，製作項目は出版項目とみなす。

13.4.0.0D　非刊行物には，本来の出版項目というものは存在しないので，記述対象の製作項目を記録する。

13.4.0.1（書誌的事項）記録すべき書誌的事項と，その記録順序は次のとおりとする。

ア）出版地，頒布地等
イ）出版者，頒布者等
ウ）出版年，頒布年等
エ）製作項目（製作地，製作者，製作年）

13.4.0.2（区切り記号法）

ア）出版・頒布等に関する事項の前には，ピリオド，スペース，ダッシュ，スペース（．△－△）を置くか，または改行して区切り記号を用いない。
イ）2番目以降の出版地，頒布地等の前には，スペース，セミコロン，スペース（△；△）を置く。
ウ）出版者，頒布者等の前には，スペース，コロン，スペース（△：△）を置く。
エ）補記した出版者，頒布者等の役割表示は角がっこに入れる。角がっこの前にスペース（△［　］）を置く。
オ）出版年，頒布年等の前には，コンマ，スペース（，△）を置く。
カ）製作項目（製作地，製作者，製作年）は丸がっこに入れる。丸がっこの前にスペース（△（　））を置く。

キ）製作者の前には，スペース，コロン，スペース（△：△）を置く。

ク）製作年の前には，コンマ，スペース（，△）を置く。

．△―△出版地△：△出版者，△出版年

．△―△頒布地△：△頒布者△［役割表示］，△頒布年△（製作地△：△製作者，△製作年）

13.4.0.2A 製作項目を出版項目に続けて記録するときは，13.4.0.2 カ）～ク）の規定によるが，製作項目のみを記録するときは，13.4.0.2 ア）およびキ）～ク）の規定による。

13.4.0.3（複製物）複製物の場合，原資料ではなく複製物自体の出版・頒布等に関する事項を記録するとともに，原資料の出版・頒布等に関する事項を注記する。（13.0.3.1A，13.0.3.1A 別法，13.7.1.1B，13.7.1.1B 別法，13.7.3.2C 参照）

13.4.1 出版地，頒布地等

13.4.1.1（出版地，頒布地等とするものの範囲）所定の情報源において，出版者（もしくは頒布者）名と関連して表示されている地名（市，町，村）のことで，2以上の出版者名があるときは，顕著な出版者名（もしくは最初の出版者名）と関連する地名である。情報源において，出版者の表示がなくても，その出版物の出版地（もしくは頒布地）として示されていることがある。

13.4.1.1A 出版地の表示がないときは，頒布地を記録する。

13.4.1.1B 同一出版者に2以上の出版地があるときは，顕著なもの，最初のものの順で，一つの出版地を選定する。2言語以上で表示されているときは，本タイトルまたは本文の言語と一致するものを記録する。出版地として記録しなかったものは，注記することができる。

13.4.1.1B 別法 洋資料を記述する場合，2以上の出版地があり，そのうちの一つが日本の出版地であるときは，これを選定する。

13.4.1.1C 出版者とそれに対応する出版地が2組以上表示されている場合，顕著なもの，最初のものの順で，一つの組を選択して記録する。

13.4.1.1D 出版地と頒布地双方の表示があるときは，頒布地は原則として記録しない。頒布地について注記することができる。

13.4.1.1D 任意規定 頒布地を出版地，出版者に続けて記録する。（13.4.2.1C 任意規定参照）

13.4.1.2（記録の方法）記述対象に表示されている地名を記録する。言語によっては，地名が格変化していることがあるが，このような場合も，そのままの形で記録する。

13.4.1.2A 識別上必要があるときは，市町村名等に国名，州名，都道府県名等を付記または補記する。

13.4.1.2B 出版地が資料に表示されていない場合，調査もしくは推定による出版地を角がっこにいれて記録する。出版地不明の場合，代替情報として頒布地を記録できないときは，国名を補記するか，「［出版地不明］」（書誌的事項が外国語のときは 13.0.6.1A 参照）と補記する。

13.4.1.3（変化）逐次刊行物では，出版地に変化が生じた場合，変化後の出版地を注記することができる。**更新資料**では，出版地に変化が生じた場合，従来記録していた出版地を変化後の出版地に改める。変化前の出版地を注記することができる。（13.7.1.1，13.7.3.4 参照）

13.4.2 出版者，頒布者等

13.4.2.1（出版者，頒布者等とするものの範囲）記述対象の出版，頒布，公開，発行等について責任がある個人もしくは団体の名称，またはそれが識別できる表示。近代的な出版・流通制度が確立していない場合，出版関係の機能と物としての製作の機能が混在していることがあるが，このような場合は，これらの機能を果たしている個人または団体を含む。

13.4.2.1A 出版者の表示がないときは，頒布者を記録する。

13.4.2.1B 2以上の出版者の表示があるときは，顕著なもの，最初のものの順で一つを選択する。2言語以上の表示があるときは，本タイトルまたは本文の言語と一致するものを記録する。出版者として記録し

なかったものは，注記することができる。

13.4.2.1C 出版者と頒布者双方の表示があるときは，頒布者は原則として記録しない。頒布者は注記することができる。

13.4.2.1C 任意規定 頒布者を出版地，出版者に続けて記録する。（13.4.1.1D 任意規定参照）この場合，頒布地が出版地と同一のときは，一方の記録を省略する。同一でないときは，出版地，出版者，頒布地，頒布者の順とし，「発売」など，頒布者の果たしている役割を示す語句を付記または補記する。

13.4.2.2（記録の方法）出版者等は記述対象に表示されている名称を記録する。ただし，出版者名に付されている法人組織を示す語などは省略する。出版者等は，識別可能な範囲で簡潔な名称で記録することを原則とするので，タイトルや責任表示には名称の完全形があるときは，短縮形を用いることができる。

13.4.2.2A 出版者と頒布者の双方が資料に表示されていないときは，「［出版者不明］」（書誌的事項が外国語のときは13.0.6.1A参照）と補記する。

13.4.2.2B 頒布地と頒布者等を，出版地と出版者の代替とする場合は，「発売」のように，その果たしている役割を示す語句を付記または補記する。このような語句が頒布者名と一体になった形となっているときは，そのままの形で記録し，記述対象にこのような語句が表示されていないときは，簡潔な語句を補記する。

13.4.2.3（変化）逐次刊行物では，出版者等に変化が生じた場合，変化後の出版者等を注記することができる。

更新資料では，出版者等に変化が生じた場合，従来記録していた出版者を変化後の出版者に改める。変化前の出版者等を注記することができる。（13.7.1.1，13.7.3.4参照）

13.4.3 出版年，頒布年等

13.4.3.1（出版年，頒布年等とするものの範囲）記述対象に表示されている，当該継続資料の出版，頒布，公開，発行の年（または日付）。最新の刷りの年ではなく，その出版物が属する版が最初に刊行された年とする。

13.4.3.1A 出版年の表示がない場合，頒布年を記録する。これらの表示がないときは著作権表示年を，その表示もないときは製作年を記録する。この場合，頒布年と製作年の後ろには「発売」「印刷」などの役割を示す語句を，著作権表示年の前には著作権を示す「c」などの記号を付加する。

13.4.3.1A 任意規定 出版年と頒布年，著作権表示年，製作年が相違している場合，出版年に続けて頒布年または著作権表示年もしくは製作年を記録する。この場合，役割を示す語句等の付記の方法は，13.4.3.1Aの規定による。

13.4.3.2（記録の方法）逐次刊行物では，完結している場合，初号の出版年と終号の出版年をハイフン（－）で結んで記録する。刊行中の場合，初号の出版年にハイフン（－）を付して記録する。

更新資料では，記述対象に表示されている最初の出版，頒布，公開，発行のいずれかの年を，最初の出版年として記録する。表示されていない場合，記述対象が最初に入手可能となった年が判明すれば，それを最初の出版年として補記する。完結している場合，完結した年が判明すれば，それを最終の出版年として記録する。

また，加除式資料については，当該版が最初に出版された年を最初の出版年として，情報源に表示されている刊行中止した年を最後の出版年として記録し，最新の更新された年が判明するならそれを補記する。最初の出版年と最後の出版年はハイフン（－）で結んで記録する。

　　　1990△－△1995△［1999最新更新］

13.4.4 製作項目（製作地，製作者，製作年）

13.4.4.1（製作項目とするものの範囲）製作項目には，記述対象が製作された土地の名称（製作地），その製作に責任を有する個人や団体の名称，またはそれが識別できる表示（製作者），および製作された年代，

日付（製作年）がある。

13.4.4.1A　製作項目は，非刊行物の場合か，出版項目が不明の場合に記録する。

13.4.4.1A 任意規定　出版項目とは別に製作項目の表示がある場合，それが重要なときは，製作項目をも記録する。

13.4.4.2　（記録の方法）非刊行物の場合，製作地，製作者，製作年の順に記録し，製作者のあとに「(印刷)」「(私製)」などの語を付記するか，製作年のみを記録し，そのあとに同様の語を付記する。

13.4.4.2A　出版項目が不明の場合，「[出版地不明]」「[出版者不明]」と補記し，出版年の位置に製作年を記録したあと，製作地，製作者の順で記録する。製作年には「印刷」「私製」などの語を付記する。

13.4.4.2A 任意規定　出版項目に加えて製作項目を記録するときは，出版項目のあとに，製作地，製作者，製作年の順で記録するか，製作年のみを記録し，そのあとに「印刷」「私製」などの語を付記する。

13.5　形態に関する事項

13.5.0　通則

13.5.0.0　（記述の意義）資料自体を見なくてもその資料の形態の大要が把握でき，かつ当該資料と分離する可能性がある付属物・添付物などの数量等，資料の管理・保全上必要な情報が得られるように，資料で用いている用語や表現にとらわれず，記述用に定義づけられた一定の用語を用いて当該事項を記録する。

13.5.0.0A　本体と形態的に分離できる付属物，製本されていない図版等も資料の管理上記録しておく必要がある。

13.5.0.0B　用語は日本語形とする。

13.5.0.0B 別法　洋資料では，用語を英語形とする。

13.5.0.1　（書誌的事項）記録すべき書誌的事項と，その記録順序は次のとおりとする。

　ア）特定資料種別と資料の数量
　イ）その他の形態的細目
　ウ）大きさ
　エ）付属資料

13.5.0.2　（区切り記号法）

　ア）形態に関する事項の前には，ピリオド，スペース，ダッシュ，スペース（. △—△）を置く。
　イ）その他の形態的細目の前には，スペース，コロン，スペース（△：△）を置く。
　ウ）大きさの前には，スペース，セミコロン，スペース（△；△）を置く。
　エ）付属資料の前には，スペース，プラス記号，スペース（△＋△）を置く。
　オ）付属資料の形態的細目は，丸がっこに入れる。丸がっこ（一対）の前後にスペース（△（　）△）を置く。

　　　　. △—△特定資料種別と数量△：△その他の形態的細目△；△大きさ△＋△付属資料△（形態的細目）

13.5.0.3　（複製物）複製物の場合，原資料ではなく複製物自体の形態に関する事項を記録する。原資料の形態に関する事項は注記することができる。（13.0.3.1A，13.0.3.1A 別法，13.7.1.1B，13.7.1.1B 別法，13.7.3.2C 参照）

13.5.1　特定資料種別と資料の数量

13.5.1.1　（記録するものの範囲）印刷形態の継続資料の場合，特定資料種別の名称は記録せず，冊数のみを記録する。印刷形態以外の継続資料の場合，その記録媒体について規定する章で定めている特定資料種別と数量を記録する。

13.5.1.2　（記録の方法）数量は，継続資料が刊行されたときの数量を記録する。

13.5.1.2A　加除式資料以外の継続資料については，刊行中の場合，数量は空欄とし，特定資料種別と数量

に付する語（印刷形態の継続資料については「冊」）のみを記録し，刊行完結後に，数量を記録する。

加除式資料については，刊行中でも刊行完結後でも，「〇冊」と記録する。

13.5.2　その他の形態的細目（使用しない）

印刷形態の継続資料の場合，その他の形式的細目は記録しない。印刷形態以外の継続資料の場合，これを注記することができる。（13.7.3.5 ア）参照）

13.5.3　大きさ

13.5.3.1（大きさとするものの範囲）記述対象の寸法（高さ，幅，奥行など）。

13.5.3.2（記録の方法）印刷形態の継続資料は，外側の寸法をセンチメートルの単位で，端数を切り上げて記録する。印刷形態以外の継続資料の場合，その記録媒体について規定する章で定めている通りに記録する。

13.5.3.3（変化）刊行中に継続資料の大きさに変化が生じた場合，あるいは大きさが異なる2以上の部からなる継続資料の場合，最小のものと最大のものをハイフンで結んで記録する。

13.5.4　付属資料

13.5.4.1（付属資料とするものの範囲）継続資料と同時に刊行され，その継続資料とともに利用するようになっている付属物。複合媒体資料の別個の部分も含む。ただし，常時継続資料に付属していないものは，注記する。

13.5.4.2（記録の方法）形態に関する事項の最後に，当該付属資料の特性を示す資料種別や特定資料種別の名称と数量などを記録する。必要に応じて簡潔な形態的細目を付記する。

13.5.4.2 別法　付属資料は注記する。

13.6　シリーズに関する事項

13.6.0　通則

13.6.0.0（記述の意義）シリーズに属する単行資料を記述の対象とする場合のように，2以上の書誌階層に属している資料を記述する場合，対象資料の同定識別と，2以上の書誌レベルからの検索を可能とするため，上位書誌レベルの書誌的事項を，シリーズに関する事項として記録する。シリーズに関する事項において記録する上位書誌レベルの書誌単位は，集合単位である。（13.0.2.3〜13.0.2.4参照）

13.6.0.1（書誌的事項）記録すべき書誌的事項と，その記録順序は次のとおりとする。

　ア）本シリーズ名

　イ）並列シリーズ名

　ウ）シリーズ名関連情報

　エ）シリーズに関係する責任表示

　オ）シリーズの標準番号

　カ）シリーズ番号

　キ）下位シリーズの書誌的事項

13.6.0.2（区切り記号法）

　ア）シリーズに関する事項の前には，ピリオド，スペース，ダッシュ，スペース（.△—△）を置くか，または改行して区切り記号を用いない。

　イ）シリーズに関する事項はそれぞれ丸がっこに入れる。シリーズに関する事項それぞれの前には，スペース（△）を置く。（1.0.6.7B（1）参照）

　ウ）並列シリーズ名または下位シリーズの並列シリーズ名の前には，スペース，等号，スペース（△＝△）を置く。

　エ）シリーズまたは下位シリーズのシリーズ名関連情報の前には，スペース，コロン，スペース（△：△）を置く。

オ）シリーズまたは下位シリーズの最初の責任表示の前には，スペース，斜線，スペース（△／△）を置く。

カ）シリーズまたは下位シリーズの2番目以降の各責任表示の前には，スペース，セミコロン，スペース（△；△）を置く。

キ）シリーズまたは下位シリーズの標準番号の前には，コンマ，スペース（，△）を置く。

ク）シリーズ番号または下位シリーズ番号の前には，スペース，セミコロン，スペース（△；△）を置く。

ケ）下位シリーズ名の前には，ピリオド，スペース（．△）を置く。

．△―△（第1のシリーズ）△（第2のシリーズ）

．△―△（本シリーズ名△＝△並列シリーズ名△：△シリーズ名関連情報△／△シリーズに関係する責任表示，△シリーズの標準番号△；△シリーズ番号）

．△―△（本シリーズ名．△下位シリーズ名△／△下位シリーズに関係する責任表示，△下位シリーズの標準番号△；△下位シリーズ番号）

13.6.0.3（2以上のシリーズ表示）記述対象が2以上のシリーズに属している場合，それぞれのシリーズの書誌的事項を記録する。記録の優先順位は，

ア）記述対象におけるそれぞれのシリーズの表示がある情報源が異なるときは，所定の情報源の優先順位を，記録する優先順位とする。

イ）情報源が同一のときは，選択した情報源上のシリーズ表示の順序による。

13.6.1　本シリーズ名

13.6.1.1（本シリーズ名とするものの範囲）記述対象の継続資料全体を通じて共通する，所定の情報源に表示されている，シリーズ固有の名称。

13.6.1.1 別法　集合単位のタイトルを共通タイトル，継続刊行単位のタイトルを従属タイトルとし，シリーズに関する事項は記録しない。（13.0.2.3別法参照）

13.6.1.1A　シリーズに関する事項に記録する本シリーズ名は，最上位書誌レベルの本タイトルとする。

13.6.1.1B　所定の情報源に表示されているシリーズ名が，記述対象の継続資料全体に共通でない場合，注記することができる。

13.6.1.2（記録の方法）所定の情報源に表示されているままに転記する。シリーズ名の一部分が2行書き，または小さな文字で表示されていても，1行書きとし，全部同じ大きさの文字で記録する。

13.6.1.3（変化）逐次刊行物では，本シリーズ名に変化が生じた場合，変化後のシリーズ名を注記することができる。

　　更新資料では，本シリーズ名に変化が生じた場合，従来記録していた本シリーズ名を変化後の本シリーズ名に改める。変化前のシリーズ名を注記することができる。

13.6.2　並列シリーズ名

13.6.2.1（並列シリーズ名とするものの範囲）本シリーズ名の別言語および別の文字（またはその一方）のシリーズ名。（13.1.3.1参照）

13.6.2.2（記録の方法）本シリーズ名に続けて記録する。

13.6.2.2 別法　注記として記録する。

13.6.3　シリーズ名関連情報

13.6.3.1（シリーズ名関連情報とするものの範囲）本シリーズ名の関連情報。

13.6.3.1A　シリーズに関係する版表示は，シリーズ名関連情報として記録する。

13.6.3.2（記録の方法）本シリーズ名に対する必要な補足となる場合で，資料に表示されているときに記録する。本シリーズ名（並列シリーズ名がある場合は，並列シリーズ名）に続けて記録する。

13.6.4　シリーズに関する責任表示

13.6.4.1（シリーズに関係する責任表示とするものの範囲）シリーズに関係する責任表示のすべて。

13.6.4.2（記録の方法）総称的なシリーズ名の場合は記録する。それ以外の場合，当該シリーズの識別上必要であり，かつ資料に表示されているときに記録する。

13.6.5　シリーズの標準番号

13.6.5.1（シリーズの標準番号とするものの範囲）ISSN，ISBN などの国際標準番号およびこれに代わる番号。

13.6.5.2（記録の方法）当該標準番号の規格の標準的な方法で記録する。（13.8.1.2 参照）

13.6.6　シリーズ番号

13.6.6.1（シリーズ番号とするものの範囲）記述対象の，シリーズ内における番号づけ。番号の前後に，それぞれ修飾する語句がついているものもある。

13.6.6.2（記録の方法）出版物に表示されている形で記録するが，略語表（付録 2 参照）にしたがって略語化できる。数字は原則としてアラビア数字とする。ただし，識別のために二様以上の数字を用いる必要があるときは，そのままの形で記録する。

13.6.7　下位シリーズの書誌的事項

13.6.7.1（下位シリーズ名とするものの範囲）本シリーズ名の下位書誌レベルのシリーズ名で，資料に本シリーズとともに表示されているもの。下位シリーズ名は，本シリーズ名と密接に関連していることも，関連していないこともある。

13.6.7.2（記録の方法）本シリーズに関係する事項のあとに続けた形で記録する。

13.6.7.2 別法　下位シリーズの書誌的事項をシリーズに関する事項に記録し，上位のシリーズに関する事項を注記する。

13.6.7.2A　下位シリーズの並列シリーズ名，シリーズ名関連情報，責任表示は，識別上必要であると判断された場合にのみ記録する。

13.6.7.2B　下位シリーズの標準番号が判明したときは記録し，本シリーズの標準番号は注記する。

13.6.7.2B 別法　下位シリーズ，本シリーズの標準番号はすべて注記に記録する。

13.6.7.2C　下位シリーズ内の番号づけの記録は 13.6.6.2 による。

13.7　注記に関する事項

13.7.0　通則

13.7.0.0（記述の意義）注記は定型的な書誌的事項で構成されている記述を敷衍・詳述したり，限定したりする機能を有する。タイトルからシリーズに関する事項に至るまでに記録できず，かつ重要と判断される事項を，すべて注記において示す。注記においては，記述対象に関するあらゆる事項を記録できる。注記のなかには，記述対象の書誌的状況や形態に関するもの，内容に関するものなどがあり，次のような機能を有している。

　ア）資料の識別

　イ）書誌的記録の理解を容易にする。

　ウ）資料の特徴を示す。

　エ）書誌的来歴を示す。

13.7.0.1（書誌的事項）記録すべき注記とその記録順序は 13.7.3 による。

13.7.0.2（区切り記号法）

　ア）各注記の前には，ピリオド，スペース，ダッシュ，スペース（. △—△）を置くか，または改行して区切り記号を用いない。

　イ）注記の導入語句と注記の本体の間に，コロン，スペース（：△）を置く。

　　　. △—△導入語句：△注記本体

13.7.1　注記

13.7.1.1　（注記とするものの範囲）タイトル（例：本タイトルの情報源，言語など），責任表示，版次，書誌的来歴，順序表示，出版・頒布等，シリーズ，内容，製本，入手可能性，図書館の蔵書となっている特定コピー，目録作成機関が重要と判断したもの等に関する注記がある。

13.7.1.1A　継続資料では，変化に関する注記が必要になることがある。

　　逐次刊行物の記述は初号か，あるいは入手できた最初の号に基づいているので，変化に関する注記は変化後の情報を記録する。

　　更新資料の記述は最新号に基づいているので，変化に関する注記は変化前の情報を記録する。（13.0.2.1A，13.1.1.3，13.1.5.3，13.2.1.3，13.4.1.3，13.4.2.3，13.7.3.1 カ），13.7.3.1A，13.7.3.2B，13.7.3.4 参照）

13.7.1.1B　複製物について，原資料の書誌的事項が複製物と異なるときは，これを注記する。（13.0.3.1A，13.1.0.3，13.2.1.1，13.4.0.3，13.5.0.3，13.7.3.2C，13.8.0.3 参照）ただし，順序表示については，原逐次刊行物の順序表示を記録し，複製物に原逐次刊行物とは別の順序表示があるときは，これを注記する。（13.0.3.1A，13.3.0.3 参照）

　　原資料の書誌的事項についての注記は，複製物に対する注記すべての後に記録する。

13.7.1.1B 別法　複製物について，原資料自体を情報源とする場合，複製物の書誌的事項が原資料と異なるときは，これを注記する。（13.0.3.1A 別法，13.1.0.3 別法，13.3.03，13.7.3.1 ク），13.7.3.1A オ），13.7.3.8A，13.8.0.3 別法参照）ただし，版に関する事項，出版・頒布等に関する事項，形態に関する事項については複製物自体を情報源とし，原資料の書誌的事項が複製物と異なるときは，これを注記する。（13.0.3.1A 別法，13.4.0.3，13.5.0.3，13.7.3.2C 参照）

　　複製物の書誌的事項についての注記は，原資料に対する注記すべての後に記録する。

13.7.2　記録の方法

　　注記には定型のものと不定型のものがある。2 以上の注記があるときは，それらが関連する書誌的事項の記録順序に従って，記録の順序を定める。

13.7.2.1　（特定事項に関する 2 以上の注記）特定の事項に関する 2 以上の注記は，一括して記録することができる。

13.7.3　注記の種類

13.7.3.0　（下記の特定事項に属さない注記）

ア）（誤記，誤植等に関する注記）　書誌的事項の誤記，誤植を正しい形に訂正して記録した場合，説明する必要があるときはもとの形を注記する。

イ）（著作の様式および言語に関する注記）　唯一のタイトルの言語が本文の言語と異なる場合，本文の言語を注記する。（13.1.1.1 カ）参照）

　　　　本文は日本語

ウ）（記述の基盤に関する注記）　逐次刊行物の記述の基盤を初号ではなく，入手できた最初の号とした場合，基盤とした号の巻次（巻次が存在しない場合，年月次）を注記する。（13.0.3.0 参照）

　　　　記述は第 2 号による

エ）（刊行頻度・更新頻度に関する注記）逐次刊行物の刊行頻度または更新資料の更新頻度がタイトルと責任表示に含まれていない場合，表示された刊行頻度または更新頻度を注記する。

　　刊行頻度は，「日刊」「隔日刊」「週刊」「旬刊」「半月刊」「月刊」「隔月刊」「季刊」「半年刊」「年刊」「月（年）〇回刊」「〇年刊」「不定期刊」等の表示を用いて記録する。

　　　　刊行頻度：△季刊

　　更新頻度は，表示されているままに記録する。

　　刊行頻度・更新頻度に変化が生じた場合，説明する必要があるときは注記する。

13.7.3.1（タイトルに関する注記）タイトルに関する注記を行う場合，タイトルが総称的な語のときは，必ず責任表示まで記録する。

ア）所定の情報源以外からタイトルを記録した場合，記録したタイトルの情報源を注記する。

　　　タイトルの情報源：△欄外

イ）同一情報源に異なるタイトルの表示がある場合，記録したタイトルとは別の形のタイトルを注記する。（13.1.1.1C 参照）

　　　別のタイトル：△南西水研報告

ウ）所定の情報源が 2 以上あり，それらに表示されているタイトルが相違している場合，記録したタイトルとは別の形のタイトルとその情報源を注記する。（13.1.1.1D 参照）

　　　別のタイトル：△南西水研報告△（情報源は裏表紙）

エ）日本語と外国語（ローマ字表記の日本語を含む）のタイトルがある場合，日本語のタイトルを本タイトルとするときは，外国語のタイトルを注記する。（13.1.1.1C 別法参照）

　　　英語のタイトル：△ Medical libraries

オ）並列タイトルをタイトルと責任表示に関する事項として記録しない場合，これを注記する。（13.1.3.2 別法参照）

　　　並列タイトル：△ Steuerrechtswissenschaft

カ）**逐次刊行物**では，本タイトルに軽微な変化が生じた場合，説明する必要があるときは変化後のタイトルを注記する。（13.0.2.1A，13.1.1.3，13.1.5.3，13.7.1.1，13.7.3.1A エ））本タイトルの重要な変化により，別の新しい書誌的記録を作成した場合，版および書誌的来歴に関する注記として，変化前後のタイトルに対応する書誌的記録の双方に本タイトルの変化について記録する。（13.7.3.2B 参照）

　更新資料では，本タイトルにどのような変化が生じた場合も，新たな書誌的記録は作成しない。従来記録していた本タイトルを変化後のタイトルに改める。説明する必要があるときは変化前のタイトルを注記する。（13.0.2.1A，13.1.1.3 参照）

キ）その継続資料が他の継続資料の翻訳であり，異なる出版者によって刊行されている場合，もとの継続資料のタイトルおよび標準番号を注記する。

　　　原タイトル：△ Economic and social survey of Asia and Pacific. △－△ ISSN 0252‐5704

ク）複製物について，原資料自体を情報源とする場合，複製物のタイトルが原資料のタイトルと異なっているときは，これを注記する。（13.0.3.1A 別法，13.1.0.3 別法，13.7.1.1B 別法，13.7.3.1A オ）参照）

13.7.3.1A（責任表示に関する注記）

ア）**逐次刊行物**において，主筆，同人等，個人編者が標題誌等に表示されている場合，これを注記する。（13.1.5.1A 参照）

　　　主筆：△内村鑑三

イ）情報源によって責任表示が異なる場合，説明する必要があるときは記録しなかった責任表示とその情報源を注記する。

ウ）記述対象になく，他の情報源から得た責任表示は注記する。（13.1.5.1C 参照）

エ）**逐次刊行物**では，責任表示に軽微な変化が生じた場合，説明する必要があるときは変化後の責任表示を注記する。（13.0.2.1A，13.1.1.3，13.1.5.3，13.7.1.1，13.7.3.1 カ）参照）

　　　団体名の変化：△軽金属協会△（1 号‐9 号）→　軽金属研究会△（10 号‐15 巻 2 号‐）→　軽金属学会△（15 巻 3 号‐）

　責任表示の重要な変化により，別の新しい書誌的記録を作成した場合，版および書誌的来歴に関する注記として，変化前後の責任表示に対応する書誌的記録の双方に責任表示の変化について記録する。（13.7.3.2B 参照）

更新資料では，責任表示に変化が生じた場合，従来記録していた責任表示を変化後の責任表示に改めた上で，説明する必要があるときは変化前の責任表示を注記する。（13.1.5.3，13.7.1.1 参照）

オ）複製物について，原資料自体を情報源とする場合，複製物の責任表示が原資料の責任表示と異なっているときは，これを注記する。（13.0.3.1A 別法，13.1.0.3 別法，13.7.1.1B 別法，13.7.3.1 ク）参照）

13.7.3.2 （版および書誌的来歴に関する注記）

13.7.3.2A 版に関する注記には次のものがある。

ア）（異版）同時に刊行された継続資料が，言語，内容において基本の版と異なる場合，説明する必要があるときはそれぞれの版の書誌的記録に，基本の版のタイトルおよび標準番号を注記する。

イ）（変化）逐次刊行物では，版表示に変化が生じた場合，説明する必要があるときは変化後の版表示を注記する。（13.2.1.3 参照）

更新資料では，版表示に変化が生じた場合，従来記録していた版表示を変化後の版表示に改めた上で，説明する必要があるときは変化前の版表示を注記する。（13.2.1.3 参照）

13.7.3.2B 継続資料は，タイトル変遷について注記する。タイトル変遷に関する注記を行う場合，タイトルが総称的な語のときは，必ず責任表示まで記録する。

逐次刊行物では，本タイトルおよび責任表示に重要な変化が生じた場合，変化前後に対応する書誌的記録の双方に変化前後の本タイトルあるいは責任表示について記録するが，これはタイトル変遷に関する注記である。（13.0.2.1A，13.1.1.3，13.1.5.3，13.7.1.1，13.7.3.1 カ），13.7.3.1A エ）参照）

タイトル変遷に関する注記には次のものがある。

ア）（継続）逐次刊行物の本タイトルあるいは責任表示に重要な変化が生じた場合や，2 以上の継続資料が一つの継続資料に変化しもとのタイトルを保持していない場合，新しく作成した書誌的記録と変化前から存在する書誌的記録の双方に，それぞれ対応するタイトルおよび標準番号を注記する。

　　逐次刊行物の本タイトルあるいは責任表示に重要な変化が生じたとき
　　　　継続前誌：△コールタール．△－△ ISSN 0368 - 6914
　　　　　　（変化後に新しく作成した記録に）
　　　　継続後誌：△アロマティックス．△－△ ISSN 0365 - 6187
　　　　　　（変化前に対応する記録に）
　　2 以上の継続資料が一つの継続資料に変化するとき
　　　　継続前誌：△芸苑
　　　　継続前誌：△めざまし草
　　　　　　（変化後に新しく作成した記録に）
　　　　継続後誌：△芸文
　　　　　　（変化前のそれぞれの記録に）

イ）（吸収）一つの継続資料が一つ以上の他の継続資料を併合し，もとのタイトルを保持している場合，相互の書誌的記録にそれぞれ対応するタイトルおよび標準番号を注記する。

　　　　吸収前誌：△地理
　　　　　　（吸収した側の記録に）
　　　　吸収後誌：△地理学評論．△－△ ISSN 0061 - 7444
　　　　　　（吸収された側の記録に）

ウ）（分離）一つの継続資料から一つ以上の新タイトルをもつ継続資料が分離した場合，相互の書誌的記録にそれぞれ対応するタイトルおよび標準番号を注記する。

　　　　派生前誌：△企業会計．△－△ ISSN 0386 - 4448
　　　　　　（分離後新しく作成した記録に）

　　　　派生後誌：△原価計算
　　　　　　　　（分離前から存在する記録に）

13.7.3.2B 別法　継続資料のタイトルの変遷について，次の三つの類型にとりまとめる。表現については，定型化せず，その事実を記録する。

　ア）（改題）一つの**逐次刊行物**のタイトルあるいは責任表示に重要な変化があった場合

　　　「材料試験」の改題
　　　　（変化後新しく作成した記録に）

　　　以後「材料」と改題
　　　　（変化前に対応する記録に）

　イ）（合併）2以上の継続資料が合併し，新タイトルをもつ継続資料となった場合，または一つの継続資料のタイトルを保持している場合

　　　「計測」「自動制御」の合併誌
　　　　（変化後新しく作成した記録に）

　　　以後「自動制御」と合併して「計測と制御」と改題
　　　　（変化前に対応する記録に）

　　　以後「計測」と合併して「計測と制御」と改題
　　　　（変化前に対応する記録に）

　　　85巻972号から「九州鉱山学会誌」「東北鉱山」「北海道鉱山学会誌」を合併
　　　　（変化後新しく作成した記録に）

　　　以後「日本鉱業会誌」に合併
　　　　（変化前に対応する記録に）

　ウ）（分離）一つの継続資料から新タイトルをもつ継続資料が分離した場合

　　　「電気学会雑誌」から分離
　　　　（分離後新しく作成した記録に）

　　　92巻1号から「電気学会論文誌．A」「電気学会論文誌．B」「電気学会論文誌．C」を分離
　　　　（分離前から存在する記録に）

13.7.3.2C　複製物の場合，複製物自体を情報源とする書誌的事項について，原資料の書誌的事項が複製物のものと異なっているときは，これを注記する。（13.0.3.1A，13.0.3.1A別法，13.1.0.3，13.2.1.1，13.4.0.3，13.5.0.3，13.7.1.1B，13.7.1.1B別法，13.8.0.3参照）

　原資料の出版事項：△松本△：△月桂社

13.7.3.2D　その継続資料が他の継続資料の付録であるときは，本体の継続資料のタイトルと標準番号を注記する。

　　　本体誌：△図書館雑誌．△－△ISSN 0385‐4000

　その継続資料が他の継続資料を付録とするときは，それらのタイトルと標準番号を注記する。

　　　付録誌：△放送教育の研究

13.7.3.3　（順序表示に関する注記）順序表示について説明する必要があるときは，これを注記する。

　　　号外：△昭和32年9月，△昭和47年3月

　　　51巻1・2・3合併△＝△通巻408号

13.7.3.3A　複製物に原逐次刊行物とは別の順序表示があるときは，これを注記する。（13.0.3.1A，13.0.3.1A別法，13.3.0.3，13.7.1.1B，13.7.1.1B別法参照）

　　　複製物の順序表示：

13.7.3.4　（出版・頒布等に関する注記）出版・頒布等に関する注記は，それぞれ第3～12章の該当箇所に

準じて注記する。
　　　逐次刊行物では，出版・頒布地等，出版・頒布者等に変化が生じた場合，説明する必要があるときは変化後の出版・頒布地等，出版・頒布者等を注記する。
　　　更新資料では，出版・頒布地等，出版・頒布者等に変化が生じた場合，従来記録していた出版・頒布地等，出版・頒布者等を変化後の出版・頒布地等，出版・頒布者等に改めた上で，説明する必要があるときは変化前の出版地・頒布地等，出版・頒布者等を注記する。（13.4.1.3，13.4.2.3，13.7.1.1 参照）

　　　　　　出版者変更：△向上社△（1 号 - 20 号）→清明社△（21 号 - 53 号）→農村文化社△（54 号 - 58 号）

13.7.3.4A　逐次刊行物の休刊の事実が明らかなときは，これを注記する。

　　　　　　休刊：△ 1932 - 1945

13.7.3.5（形態に関する注記）

　ア）印刷形態以外の継続資料の場合，形態的細目について説明する必要があるときは注記する。（13.5.2 参照）

　イ）付属資料については，2.7.3.5 エ）に準じて注記する。

13.7.3.6（シリーズに関する注記）2.7.3.6 に準じて注記する。

13.7.3.7（内容に関する注記）記述対象の内容について説明する必要があるときは，これを注記する。

　ア）内容細目

　イ）目次・索引

　　　逐次刊行物の目次・索引に関する注記として，目次あるいは索引が当該逐次刊行物に掲載されている場合，目次・索引の種類，収録されている期間の順序表示，収録している号の順序表示などを記録する。

　　　　　　総目次・総索引あり

　　　　　　総目次：△ 21 巻 3 号，△ 34 巻 3 号に収載

　　　　　　10 巻 1 号から 29 巻 4 号までの総索引：△ 30 巻 1 号

　　　　　　総索引：△各巻最終号の付属資料

　　　目次あるいは索引が当該逐次刊行物とは別に刊行されている場合，目次・索引の種類，収録されている期間の順序表示，収録している資料のタイトル，出版事項などを記録する。

　　　　　　総目次・総索引：△「経済学論集．△ 1 号」に収載

　　　　　　1 巻 1 号から 3 巻 4 号までの総目次：△内務時報．△大空社，△ 1992

　　　更新資料については，説明する必要があるときは，注記する。

　　　　　　索引あり

　ウ）要旨等

　エ）対象者

13.7.3.8（標準番号に関する注記）　標準番号について説明する必要があるときは注記する。

13.7.3.8A　複製物について，原資料自体を情報源とする場合，複製物の標準番号が原資料と異なっているときは，これを注記する。（13.0.3.1A 別法，13.7.1.1B 別法，13.8.0.3 別法参照）

13.8　標準番号，入手条件に関する事項

13.8.0　通則

13.8.0.0（記述の意義）記述対象の特定用に，また出版情報や全国書誌情報の検索用に，ISSN，ISBN などの国際標準番号，もしくはこれに代わる番号を記録する。

13.8.0.1（書誌的事項）記録すべき書誌的事項と，その記録の順序は次のとおりとする。

　ア）標準番号

　イ）キイ・タイトル（任意規定による事項）

ウ）入手条件・定価（任意規定による事項）
13.8.0.2（区切り記号法）
　　ア）標準番号，入手条件に関する事項の前には，ピリオド，スペース，ダッシュ，スペース（．△―△）を置くか，または改行して区切り記号を用いない。
　　イ）この事項を繰り返す場合，それぞれ，ピリオド，スペース，ダッシュ，スペース（．△―△）を前に置く。
　　ウ）キイ・タイトルの前には，スペース，等号，スペース（△＝△）を置く。
　　エ）入手条件の前には，スペース，コロン，スペース（△：△）を置く。
　　オ）標準番号または入手条件に対する付帯条件，付加的説明は丸がっこに入れる。丸がっこの前にスペース（△（　））を置く。
　　　　　　．△―△標準番号△＝△キイ・タイトル△：△定価△（付加的説明）
13.8.0.3（複製物）複製物の場合，原資料ではなく複製物自体の標準番号を記録する。原資料の標準番号は注記する。（13.0.3.1A，13.7.1.1B，13.7.3.2C 参照）
13.8.0.3 別法　複製物の場合，原資料の標準番号を記録する。複製物の標準番号は注記する。（13.0.3.1A 別法，13.7.1.1B 別法，13.7.3.8A 参照）
13.8.1　標準番号
13.8.1.1（標準番号とするものの範囲）ISSN，ISBN などの国際標準番号およびこれに代わる番号。
13.8.1.2（記録の方法）ISSN，ISBN などの名称のあとに，記述対象に表示されている標準番号を記録する。ISSN については，最初に「ISSN」と記録し，続けて 8 桁の数字を，4 桁目と 5 桁目の数字の間にハイフン（-）を入れて記録する。
　　　　　　ISSN 0027-9153
13.8.1.2 任意規定 1　不正確な番号が記述対象に表示されていても，正しい番号が判明すればこれを記録し，不正確な番号は，「［エラーコード］」と冒頭に補記して記録する。
13.8.1.2 任意規定 2　標準番号のあとに装丁等を丸がっこに入れ，略語化できるときは略語形で簡潔に記録する。
13.8.2　キイ・タイトル（任意規定）
13.8.2.1（キイ・タイトルとするものの範囲）ISSN ネットワークによってそれぞれの継続資料の個別化用に付与されたもの。ISSN と不可分の関係にある。本タイトルと一致することもあるが，固有の名称とするため，識別・限定要素が付加されていることもある。
13.8.2.2（記録の方法）継続資料の本タイトルと同一であっても，キイ・タイトルとして記録することができる。キイ・タイトルは，ISSN のあとに続けてスペース，等号，スペース（△＝△）で結んで記録する。
13.8.3　入手条件・定価（任意規定）
13.8.3.1（記録するものの範囲）記述対象に表示されているままの定価および（または）その記述対象の入手可能性を示す語句もしくは数字による表現。
13.8.3.2（記録の方法）入手条件を示し，販売するものは定価を記録する。定価は標準番号（もしくはキイ・タイトル）に続けて，表示のままに，通貨の略語を付して記録する。付加的説明は丸がっこに入れる。
13.10　所蔵・更新事項
13.10.0　通則
13.10.0.0（記録の目的）所蔵している逐次刊行物の順序表示やその他，各図書館等の個別の情報を明らかにする。また，更新資料については，各図書館等の更新状況について明らかにする。
13.10.1　所蔵事項
　　逐次刊行物の各図書館等における所蔵に関する事項を記録する。

13.10.1.0 （所蔵事項とするものの範囲）記録すべき所蔵事項と，その記録の順序は次のとおりとする。
　ア）所蔵順序表示
　　所蔵している号の順序表示を所蔵順序表示として記録する。
　イ）合綴製本の数量（任意規定による事項）
　ウ）保存期間（任意規定による事項）

13.10.1.1　所蔵順序表示
　所蔵順序表示の記録は，順序表示に関する事項の記録の方法による。

13.10.1.1A 別法　所蔵順序表示の巻次等をまとめて記録し，号等の所蔵については，欠けたものを記録する。

13.10.1.1B　所蔵順序表示に受入継続を表す記号を付すことができる。

13.10.1.2　合綴製本の数量（任意規定）
　必要に応じて，合綴製本の数量を，順序表示と対比させて記録する。

13.10.1.3　保存期間（任意規定）
　保存期間は，保存年月を記録する。

13.10.2　更新事項
　更新資料の各図書館等における更新状況について記録する。

13.10.2.0 （更新事項とするものの範囲）記録すべき更新事項と，その記録の順序は次のとおりとする。
　ア）加除式資料の更新状態（任意規定による事項）
　イ）ウェブサイト，データベース等の更新状況（任意規定による事項）
　ウ）その他の更新事項（任意規定による事項）

13.10.2.1　加除式資料の更新状態（任意規定）
　加除式資料については，各図書館において更新された最新の状態について記録する。

13.10.2.2　ウェブサイト，データベース等の更新状況（任意規定）
　ウェブサイトやデータベース等の各図書館等において利用可能な最新の状況について記録する。

13.10.2.3　その他の更新事項（任意規定）
　各図書館において必要と判断する更新資料の更新に関する状況を記録する。

第13章関連用語解説案（2004.12.3段階）

記述の基盤（継続資料）　書誌記述を作成する場合，そのよりどころとなる巻号。逐次刊行物では，通常，初号（本タイトルあるいは責任表示の重要な変化により新しい書誌的記録を作成した場合，変化後の最初の号），あるいは入手できた最初の号とする。なお，終刊したものを記述する場合，順序表示，形態に関する事項等を，終号または全体の巻号から補完する。更新資料では，出版開始年を除き，最新号とする。

継続刊行書誌単位（継続刊行単位）　継続刊行レベルの書誌単位で，継続資料の本タイトルから始まる一連の書誌的事項の集合。

継続資料　完結を予定せずに継続して刊行される資料。逐次刊行物と完結を予定しない更新資料とがある。

更新資料　更新により内容に追加，変更はあっても，一つの刊行物としてのまとまりが維持されている資料。完結を予定するものと予定しないものとがあり，完結を予定しないものは継続資料に属する。加除式資料，ウェブサイト，データベースなどがある。

順序表示　逐次刊行物の巻次，年月次。年月次がない場合は出版年，頒布年等を記録。巻次，年月次がともにない場合，出版年・頒布年等で替える。初号と終号について記録する。

書誌単位　同一の書誌レベルに属する，固有のタイトルから始まる一連の書誌的事項の集合。書誌的記録は一つまたは複数の書誌単位からなる。基礎（単行，継続刊行），集合，構成の3種がある。

逐次刊行書誌単位（逐次刊行単位）　→　継続刊行書誌単位（継続刊行単位）

逐次刊行物　完結を予定せず，同一のタイトルのもとに，一般に巻次・年月次を追って，個々の部分（巻号）が継続して刊行される資料。雑誌，新聞，年報，年鑑，団体の紀要，会報，モノグラフ・シリーズ，電子ジャーナルなどがある。

日本目録規則(NCR)1987年版改訂2版
第2章改訂案抜粋(2004.12.3段階)

2.0 通則

　　この章では，図書の記述について規定する。主として日本語で書かれた資料を対象とするが，洋書にも適用できる。また，和古書，漢籍に特有の規定については，その条項あるいは条項内の関連する箇所に「(古)」と付し区別した。写本，手稿等は第3章，点字資料は第11章，マイクロ資料は第12章，継続資料は第13章を見よ。

2.0.2.1C (古) 和古書，漢籍については，個別資料ごとに別の記述を作成する。

2.0.3.1C (古) 和古書，漢籍については，記述のよりどころとする情報源は，次の優先順位とする。

　　ア) 記述対象本体
　　イ) 箱・帙等の容器
　　ウ) その記述対象以外の情報源

2.0.3.2A (古) 和古書，漢籍については，各書誌的事項の情報源は，次のとおりとする。情報源の選択に当たっては，時代，ジャンルあるいは造本等の事情を考慮する。

　　ア) タイトルと責任表示
　　　(1) 巻頭，題簽，外題
　　　(2) 目首，自序，自跋，巻末
　　　(3) 刊記，奥書，見返し，扉，版心，小口書，著者・編者以外の序跋，識語等
　　イ) 版……刊記，奥書，見返し，扉，序，跋，識語等
　　ウ) 出版・頒布等……刊記，奥書，見返し，扉，序，跋，識語等
　　エ) 形態……その記述対象から
　　オ) シリーズ……その記述対象から
　　カ) 注記……どこからでもよい

　　タイトルについて，巻頭以外を情報源とした場合は，その情報源を注記する。(2.7.4.1 ア) 参照)
　　識語及び後に加えられた書き入れを情報源とした場合は，その旨を注記する。その他のものを情報源とした場合も情報源を注記することができる。

2.0.6.3 (文字の転記) 漢字は，原則として所定の情報源に使用されている字体で記録する。楷書以外の書体は楷書体に改める。かなはそのまま記録するが，変体がなは平がなに改める。ローマ字，キリル文字等，外国の文字も，原則としてそのまま記録するが，大文字の使用法およびISBD区切り記号以外の句読点の使用法は，当該言語の慣行に従う。また，文字の大小の表示は再現せず，全部同一の大きさの文字で記録する。

　　(古) 和古書については，変体がなの母体となっている漢字(字母)を注記することができる。
　　　　となみ山
　　　　　(注記「巻頭書名表示は「刀奈美山」」)

2.0.6.3A (古) 和古書，漢籍については，破損その他の理由で判読できない文字は白四角(□)を用い，該当文字数を並べる。字数も不明のときは，「□・・・□」とする。推定した文字については，角がっこ([ ])に入れて補記する。

　　　　□□伊勢物語

　　　南都□・・・□縁起

　　　天［満］宮御伝記略

2.0.6.5（再現不能の記号等の記録）記号等は，原則としてそのまま記録する。採用する印刷方法，文字コード表などによって，表示のとおり転記することが不可能な記号等は，説明的な語句におきかえ角がっこに入れる。さらに必要があるときは注記において説明を加える。

　　　　一口［にわ］かいろは節用

　　（注記「タイトルの補記部分は，丸（○）を 2 つ重ねている形」）

　また，踊り字のうち 2 文字分以上にわたる長さの記号など，転記することが不可能な場合は，本来の文字を繰り返した形を記録し，踊り字であることは注記する。

　　　　つれつれ草

　　（注記「タイトルの繰返し部分は踊り字」）

2.1　タイトルと責任表示に関する事項

2.1.1.1A（古）和古書，漢籍については，本タイトルの一部として，書誌的巻数をタイトルの後スペースに続けて，アラビア数字で記録する。

　欠本の場合は，完本の巻数を記録し，続いて記述対象の現存巻数を丸がっこに入れて「存」字を先立てて付記する。完本の巻数が不明な場合は，現存巻数のみを丸がっこに入れ，「存」字を先立てて付記する。存巻ないし欠巻の内容や残欠の状況については，注記する。（2.7.4.8 参照）

　　　　八家四六文註△ 8 巻補 1 巻

　　　　八家四六文註△ 8 巻補 1 巻△（存 7 巻）

　　（注記「欠巻：△巻 4，補」）

　　　　天地冥陽水陸雑文△（存 2 巻）

　　（注記「存巻：△疏下・牒下」）

　記述対象が 1 巻（巻立てがない）の場合，巻数は記録しなくてもよい。

　多巻ものの零本等の場合は，形態的に独立した特定の部分だけを本タイトルとして採用することができる。巻次を含めて本タイトルとして記録するときは，アラビア数字に置き換えることはせず，情報源に表示されているままに記録する。（2.0.6.4 参照）

　　　　源氏物語若紫巻

　　　　水族写真巻之一

　　　　大般若波羅密多経巻三百八十二

2.1.1.1E　標題紙，奥付，背，表紙に表示されている各タイトルが異なるときは，共通するタイトルがあればそのタイトルを，なければ標題紙，奥付，背，表紙の優先順位に従って選定したタイトルを，本タイトルとして記録し，他のタイトルは注記とする。

　（古）和古書，漢籍については 2.0.3.2A ア）に規定する情報源による。

2.1.1.2B　図書中のどこにもタイトルの表示がないときは，適切な情報源による本タイトルか，目録担当者が決定した簡潔で説明的な本タイトルを補記する。

　（古）和古書，漢籍については，目録担当者が決定した場合は，その旨を注記する。（2.7.4.1 オ）参照）

2.1.1.2C　合集のタイトル等で所定の情報源にその図書全体の総合タイトルが表示されていて，同時にその図書に収録されている著作それぞれのタイトルが表示されているときは，その総合タイトルを本タイトルとして記録し，それぞれの著作のタイトルは内容細目として注記の位置に記録する。（2.7.3.7 ア），2.7.4.6 ア）参照）

　（古）和古書，漢籍については，記述対象に収録されている著作それぞれのタイトルは，所定の情報源

に表示がなくても，内容細目として注記の位置に記録する。

2.1.1.2D　図書全体に対応する総合タイトルがなく，図書の内容をなす各著作のタイトルが表示されているときは，これらのタイトルを所定の情報源に表示されている順で列記する。(2.1.5.2F 参照)

　（古）和古書，漢籍については，記述対象の内容をなす各著作のタイトルが，所定の情報源に表示されていなくても，次のいずれかの方式により記録する。

ア）それぞれの著作のタイトルを列記する。

　　　無量壽經起信論△3巻△；△觀無量壽佛經約論△1巻△；△阿彌陀經約論△1巻△／△彭際清述

　　　おあむ物語△／△山田去暦女著．△おきく物語

　　　兼好傳考證△／△大国隆正著△；△村田嘉昇画．△しのぶ山物がたり△／△大国隆正著

イ）総合タイトルを補記する。適切な情報源等により目録担当者が決定した総合タイトルを補記するか、または，内容をなす著作のうち主要な著作のタイトルを総合タイトルとみなして記録する。内容をなす各著作のタイトルは内容細目として注記の位置に記録する。

　　　救偏瑣言△10 巻

　　　内容：救偏瑣言△10 巻△；△瑣言備用良方△1 巻

2.1.5.1C（古）和古書，漢籍については，記述対象に責任表示に相当する表示がないとき，記述対象以外の情報源から得た責任表示を補記する。その情報源は注記することができる。(2.7.4.2 イ）参照)

2.1.5.2D　情報源に表示されていない語句等を責任表示に補記した場合は，これを角がっこに入れる。情報源の表示に，著作の種類を示す語句がないとき，またはタイトルと責任表示に記録した個人や団体との関連を明らかにする必要があるときは，これを補記する。

　（古）和古書，漢籍については，情報源の表示に著作の種類を示す語句がないときは，著，編，撰等（漢籍の場合は，撰，輯，選等）の適切な語句を補記する。

2.1.5.2E　識別上必要でないとき，次のものは省略する。

ア）人名の場合：学位，役職名等の肩書，所属団体名やそのイニシアル

　　（古）和古書における居住地，漢籍における郷貫，号，字など

イ）団体名の場合：団体名の冒頭に表示されている法人組織等を示す語

　ただし，例外として以下のような場合は省略しない。

　（1）文法的理由で，肩書が省略できないとき

　（2）省略すると名もしくは姓のみとなる場合

　（3）識別のために称号，尊称，敬称などが必要なとき

2.1.5.2G 任意規定（古）漢籍については，最初に王朝名を丸がっこに入れて記録し，続けて名前を記録する。

　　　（清）呉清鎮撰

2.2　版に関する事項

2.2.1.1D（古）和古書，漢籍については，版の判断が困難である場合，版表示を省略してもよい。省略した場合は，資料中の版に関する語句を注記する。(2.7.4.3 イ）参照)

2.4　出版・頒布等に関する事項

2.4.1.1D（古）和古書，漢籍については，2以上の出版地があるときは，すべて記録する。(2.4.2.1D をも参照)

2.4.1.1D 別法（古）和古書，漢籍については，出版者とそれに対応する出版地が2組以上表示されている場合は，顕著なもの，最後のものの順で，一つの組を選択して記録する。他は「［ほか］」と補記して省略する。(2.4.2.1D 別法をも参照)

2.4.1.2（記録の方法）出版地は，所定の情報源に表示されている地名を記録する。

2.4.1.2A　日本の出版地は，出版者が所在している市町村名を記録する。ただし，識別上必要があるときは，都道府県名を付記または補記する。

　　（注）市名の「市」は記録しない。東京都特別区は「東京」とのみ記録する。

　　（古）和古書，漢籍については，所定の情報源に表示されている出版地をそのまま記録する。識別上必要があるときは，出版時の都市名，国名を補記し，また地名の別称が表記されている場合は当時一般に用いられたものを補記する。

　　　　　江戸

　　　　　日本橋△［江戸］

　　　　　（出版時の都市名を補記）

　　　　　洛陽△［京都］

　　　　　（一般に用いられた都市名を補記）

2.4.2.1D（古）和古書，漢籍については，出版地ごとに出版者を記録する。一つの出版地に2以上の出版者等の表示があるときは，顕著なもの，最後のものの順で代表とする一つを選択して記録し，他は「［ほか］」と補記して省略する。（2.4.1.1Dをも参照）

　　　　　京△：△上村平左衛門△；△江戸△：△萬屋清兵衛△；△大坂△：△伊丹屋太郎右衛門

　　　　　京師△：△八尾平兵衛△［ほか］△；大坂△：△鹽屋長兵衛△［ほか］△；△江戸△：△鶴屋金助△［ほか］

2.4.2.1D別法（古）和古書，漢籍については，2以上の出版者等の表示があるときは，顕著なもの，最後のものの順で一つを選択して記録し，他は「［ほか］」と補記して省略する。（2.4.1.1D別法をも参照）

2.4.2.1D任意規定（古）記録しなかった出版者は注記する。

2.4.2.2A（古）和古書，漢籍の出版者は，記述対象に表示されている名称をそのまま記録する。個人名のみの場合はそれを記録し，屋号のあるものは屋号に続けて姓名の表示等をそのまま記録する。

　　　　　皇都△［京都］△：△伊勢屋額田正三郎

2.4.3.1C（古）和古書，漢籍については，刊行年を「刊」という用語を付して記録する。情報源に「刊」の表示がない場合は角がっこに入れて記録する。

2.4.3.1C別法（古）和古書，漢籍については，「刊」という用語を付さずに，刊行年のみを記録する。

2.4.3.1D（古）和古書，漢籍については，刊行年とは別に印行年が判明した場合，「印」という用語を付して丸がっこに入れて付記する。印行年のみが判明した場合も，「印」という用語を付して記録する。情報源に「印」の表示がない場合は角がっこに入れて記録する。刊行年，印行年の判別がつかない場合は，「［刊または印］」という用語を付して記録する。

　　　　　寛政4△［1792］△［刊］△（文化5△［1808］△［印］）

2.4.3.2E（古）和古書，漢籍については，記述対象に表示されている紀年がその資料の出版年として適切な場合は，そのまま記録する。表示されている西暦紀年を付記し，表示がないときは相当する西暦紀年を補記する。

　　　　　宝暦13△［1763］△［刊］

　　　　　光緒8△［1882］△［刊または印］

　干支による表記は，可能であれば，相当する元号と年数によるその国の紀年に読み替えて記録する。干支による表記は注記することができる。読み替えができない場合は，推定による補記の扱いとする。

　　　　　寛政4△［1792］△［刊または印］

　　　　　（注記「刊記には「寛政壬子」とあり」）

　　　　　至正14△［1354］△刊

　　　　　（注記「刊記には「至正甲午仲夏」とあり」）

出版年を推定により補記する場合は，元号と年数によるその国の紀年を角がっこに入れて記録し，丸がっこに入れて西暦年を付記する。干支による表記がある場合は注記する。(2.7.4.4 ケ) 参照)

　　　　［元禄 5 △ (1692) 刊］
　　　　［貞享 5 △ (1688) 刊］
　　　　　　(注記「刊記には「戊辰三月中旬」とあり」)

　出版年および序文，跋文等に表示された年がないか，あるいは表示されている情報が記録するのに適切でない場合は，おおよその出版年代を推定し，これを角がっこに入れて記録する。干支による表記がある場合は注記する。出版年がどうしても推定できない場合は，「［出版年不明］」と記録する。

　　　　［江戸後期刊］
　　　　［文化・文政頃刊］
　　　　［安政年間刊］
　　　　［清刊］
　　　　［江戸中期刊］
　　　　　　(注記「甲辰序あり」)

2.5　形態に関する事項

2.5.1.2G（古）和古書，漢籍については，数量の単位として，「冊」以外の単位も使用できる。(第10章別表・付「特定資料種別の数量表示（単位名称・助数詞）について」参照) ただし，巻子本・掛物類については「巻」ではなく，「軸」を用いる。また，一枚ものには「枚」を用いるが，畳もの類については「枚」ではなく，「舗」を用いる。

　ここでは，現在の形態について記述し，原装の形態については注記することができる。(2.7.4.5 キ) 参照)

2.5.3.2 任意規定（古）和古書，漢籍については，センチメートルの単位で，小数点以下1桁まで端数を切り上げて記録する。尺・寸等の単位や糎等の表記は使用しない。

2.5.3.2C　縦長本，横長本，桝型本は，縦，横の長さを「×」印で結んで記録する。

2.5.3.2C 任意規定（古）和古書，漢籍については，常に縦，横の長さを「×」印で結んで記録する。また，大きさを書型に対応させた用語等を丸がっこに入れて記録することができる。

　　　　29 丁△ ; △ 26.8 × 19.8cm △（大）

2.7　注記に関する事項

2.7.4（古）注記の種類（和古書，漢籍）

2.7.4.0（古）（下記の特定事項に属さない注記）

　ア）書誌的事項の誤記，誤植を正しい形に訂正して記録したときは，もとの形を注記する。

　イ）著作の様式および言語に関する注記

　ウ）その他記述一般に関する注記

　エ）利用の条件に関する注記

　　　　閲覧のみ許可，複写は不可

2.7.4.1（古）（タイトルに関する注記）

　ア）タイトルの情報源　記録したタイトルの情報源（巻頭を除く）と，記録しなかった他のタイトルおよび情報源を注記する。(2.0.3.2A 参照)

　　　　本タイトルは序首による

　イ）長いサブタイトル（2.1.4.2 別法の例参照）

　ウ）別冊である続編，補遺，索引の正編または本編のタイトル（2.1.1.1B の例参照）

　エ）題簽・外題について必要があるときは転記し，その位置や様式等についても記録する。書き題簽，書

き外題は，その旨を注記する。

    題簽左肩双辺黄紙「新版絵入　花色紙襲詞」△（「新版絵入」は角書）
    題簽中央後補墨書「焦尾琴　風」
    外題左肩後補墨書「平家物語巻第一（〜十二）」
    絵題簽「唯頼大悲智慧話上（〜下）」

 オ）目録担当者が決定したタイトルを補記したときは，その旨を注記する。（2.1.1.2B 参照）

2.7.4.2（古）（責任表示に関する注記）

 ア）情報源によって異なる責任表示　記録しなかった責任表示とその情報源を注記する。（2.1.5.2A の例参照）

 イ）記述対象以外の情報源による責任表示　補記した場合，説明する必要があるときはの情報源を注記する。（2.1.5.1C 参照）

 ウ）記録する必要がある監修者等　標題紙等に表示されているときは注記する。（2.1.5.1 別法参照）

 エ）責任表示に記録しなかった著者（2.1.5.1E 任意規定参照）

2.7.4.3（古）（版および書誌的来歴に関する注記）

 ア）版および書誌的来歴　その記述対象と，その記述対象の他の版または他の記述対象との関係を説明する必要があるときは，注記する。

 イ）版の判断が困難であるために版表示を省略する場合は，資料中の版に関する語句を注記する。（2.2.1.1D 参照）

 ウ）本文の系統等，その資料の性質を特定できる情報がある場合，説明する必要があるときは注記する。

    原刻本
    流布本
    別本
    定家本

2.7.4.4（古）（出版・頒布等に関する注記）

 ア）出版・頒布等に関する事項には記録しなかった他の出版者　その記述対象の他の出版者について説明する必要があるときは注記する。

 イ）頒布者，発売者等（2.4.2.1E 参照）

 ウ）蔵版者，蔵版印等について説明する必要があるときは注記する。

    見返しに「青藜閣蔵版」とあり
    刊記中「詩僊堂」に蔵版印あり
    刊記中「須原屋茂兵衛」に版元印あり
    見返しに魁星印あり

 エ）広告，蔵版目録や，発行印（出版者標章等も含む）等を情報源とした場合，情報源を記録する。また記述対象以外からの情報を補記した場合，説明する必要があるときは注記する。

 オ）出版事項の情報源である刊記・奥書等を，必要があるときは転記する。

    刊記に「寛文三稔癸卯」「長尾平兵衛開板」とあり

 カ）初刷ではなく，印行年（刷年）が不明なときは，「後印本」と注記する。

 キ）後修本であるときは，その旨を注記する。

 ク）覆刻本であるときは，その旨を注記する。

 ケ）干支による表記を記録する。（2.4.3.2E 参照）

    甲辰序あり

 コ）出版の地域や時期を示す用語を説明する必要があるときは，注記する。

    春日版

    伏見版

    宋版

    蒙古刊本

2.7.4.5（古）（形態に関する注記）

 ア）丁数について説明する必要があるときは注記する。（2.5.1.2G 参照）

 イ）挿図，肖像，地図等について説明する必要があるときは注記する。（2.5.2 参照）

 ウ）大きさについて説明する必要があるときは注記する。（2.5.3 参照）

 エ）付属資料　注記するときは最初に「付属資料」と記録し，付属資料が独立の丁付，異なった種類の図版，異なった大きさをもつときは，これを付記する。（2.5.4.2 別法 2 参照）

 オ）形態的に独立した，付属資料としては扱わない付録，解説等が含まれているときは注記する。

 カ）印刷，複写の種類について説明する必要があるときは注記する。

    古活字本

    丹緑本

    石印本

    銅版

    銅活字版

    金属活字版

 キ）装丁

  袋綴じ（線装）以外の装丁について記録する。（2.5.1.2G 参照）

  袋綴じ（線装）の様式について説明する必要があるときは注記する。

    三つ目綴じ

    康熙綴じ

    亀甲綴じ

  帙，箱等について説明する必要があるときは注記する。

    箱入り

    色刷絵入書袋あり

  原装について説明する必要があるときは注記する。（2.5.1.2G 参照）

 ク）版式，版面

  匡廓，界線，行数，字数，版心について，説明する必要があるときは注記する。

    四周単辺有界 8 行 18 字，双魚尾

    四周双辺有界黒口花魚尾

 ケ）料紙，表紙について説明する必要があるときは注記する。

    色変り料紙

    表紙は原装

 コ）付箋，貼りこみ等について説明する必要があるときは注記する。

    宣長自筆付箋多数あり

    文中和歌に黄と青の押紙あり

 サ）虫損等で保存状態がよくないものや補修があるものについて，説明する必要があるときは注記する。

    虫損あり（裏打ち補修あり）

    破損・汚損あり

2.7.4.6（古）（内容に関する注記）

ア）内容細目　最初に「内容：△」と記録し，続けてタイトル，責任表示を記述対象の表示に従って列記する。

イ）その記述対象に書誌，年譜，年表および付録，解説等が含まれているときは注記する。

ウ）その記述対象について解題する必要があるときは注記する。

2.7.4.7（古）（識語およびその他の書き入れ等に関する注記）

ア）記述対象中の注について説明する必要があるときは，表示の位置も含めて注記する。

　　　頭注あり

　　　割注あり

イ）本文に付された訓点等について説明する必要があるときは，漢字，片かな，平がなの別とともに注記する。

　　　付訓あり，△右傍：△片かな付訓，△左傍：△平がな付訓

ウ）謡本等で，本文の横に付された記号について，説明する必要があるときは注記する。

　　　節付記号あり

エ）識語，書き入れ，補写，筆彩等について，説明する必要があるときは注記する。

　　　識語「安永四年末九月廿五日はしめてよむ／小雲泉主人」

　　　朱墨の書き入れあり

　　　図版の一部に後人の着彩あり

2.7.4.8（古）（残欠に関する注記）記述対象が完全でないときは，その残欠の状況を注記する。原則として書誌的巻数の単位で記録するが，冊単位，丁単位の欠損，あるいは表紙等の欠損についても必要があるときは記録する。（2.1.1.1A 参照）

　　　存巻：△疏下・牒下

　　　巻 24 第 20 丁は重複

　　　巻 1，3 に目録なし，△巻 1 初丁表，△巻 6 第 13 丁裏以降を欠く

2.7.4.9（古）（伝来に関する注記）

ア）記述対象中の蔵書印記について説明する必要があるときは注記する。所蔵（使用）者が判明した場合は付記する。最初に「印記：△」と記録し，かぎかっこ（「」）に入れて印文を記録する。文字が使用されていない蔵書印は，形を記録する。

　　　印記：△「南葵文庫」

　　　印記：△「林文庫」，「北總林氏藏」△（2 印とも林泰輔）

　　　だるま形の蔵書印あり

　判読できないものは，「蔵書印あり」と記録し，複数ある場合はその数を記録する。

　　　蔵書印 3 印あり

イ）旧蔵者，伝来が判明した場合，必要があるときは注記する。

　　　清水浜臣旧蔵

日本目録規則(NCR)1987年版改訂2版
第3章改訂案(2004.12.3段階)

3.0 通則

　この章では，写本，手稿などの書写資料の記述について規定する。また，その複製物をも対象とする。
　文書・記録類の整理については，特に資料の原秩序を尊重し，資料の目的・機能やそれに伴う形成の状態について配慮した，文書館・史料館における整理の基準を参考とする。

3.0.1 記述の範囲

　ある書写資料を他の書写資料から同定識別する第1の要素はタイトルである。しかし，同一タイトルの他の書写資料から，あるいは同一著作の他の写しや版からその書写資料を同定識別するためには，責任表示，製作等に関する事項，形態に関する事項等も記録しておく必要がある。また，その書写資料の付属資料や内容細目なども記録することがある。

3.0.2 記述の対象とその書誌レベル

　書写資料については，個別資料または個別資料の集合ごとに，別の記述を作成する。1.0.2の規定による。

3.0.3 記述の情報源

3.0.3.1 （記述の情報源）記述は原則として，その書写資料に表示されている事項をそのまま記録する。記述のよりどころとすべき情報源は，次の優先順位による。

　ア）明治以降の資料
　　（1）標題紙，奥付，表紙
　　（2）巻頭，見出し
　　（3）本文およびその資料本体
　　（4）帙，箱等の容器
　　（5）その資料以外の情報源
　イ）江戸時代までの資料
　　（1）資料本体
　　（2）箱・帙等の容器
　　（3）その資料以外の情報源

3.0.3.1A　個別資料の集合については，記述のよりどころとすべき情報源は，次の優先順位による。

　ア）その資料の集合全体
　イ）帙，箱等の容器
　ウ）その資料の集合以外の情報源

3.0.3.1B　複製物はその原資料ではなく，複製物自体を情報源とする。

3.0.3.2 （各書誌的事項の情報源）各書誌的事項の情報源は，次のとおりとする。

　ア）タイトルと責任表示
　　　　標題紙または表紙のあるもの：標題紙，奥付，表紙
　ただし，江戸時代までの資料は次のとおりとする。情報源の選択にあたっては，時代，ジャンルあるいは造本等の事情を考慮する。

（1）巻頭，見出し，題簽，外題
　　　（2）目首，自序，自跋，巻末
　　　（3）奥書，見返し，扉，小口書，著者・編者以外の序跋，識語等
　　標題紙および表紙のないもの：巻頭，見出し
　　巻頭，見出し以外をタイトルの情報源とした場合には，注記にその情報源を示す。
　イ）版……ア）に同じ
　ウ）製作事項
　　標題紙または表紙のあるもの：標題紙，奥付，表紙
　　　ただし，江戸時代までの資料は次のとおりとする。情報源の選択にあたっては，時代，ジャンルあるいは造本等の事情を考慮する。
　　　　　奥書，見返し，扉，序，跋，識語等
　　標題紙および表紙のないもの：巻頭，見出し
　エ）形態……その資料本体から
　オ）注記……どこからでもよい
3.0.3.2A　記述対象とする資料によるべき情報源がない場合は，参考資料をはじめとして，可能な限りの情報源を調査して，必要な書誌的事項に関する情報を入手し，これを記録する。
3.0.3.2B　所定の情報源以外から得た書誌的事項は，補記の事実を示すため角がっこに入れて記録する。必要があるときは，注記で情報の出典を示す。
3.0.4　記述すべき書誌的事項とその記録順序
　記述すべき書誌的事項とその記録順序は，次のとおりとする。
　ア）タイトルと責任表示に関する事項
　　（1）本タイトル
　　（2）資料種別（任意規定による事項）
　　（3）並列タイトル
　　（4）タイトル関連情報
　　（5）責任表示
　イ）版に関する事項
　　（1）版表示
　　（2）特定の版にのみ関係する責任表示
　ウ）資料の特性に関する事項（使用しない）
　エ）製作に関する事項
　　（1）書写地
　　（2）書写者
　　（3）書写年
　オ）形態に関する事項
　　（1）資料の数量
　　（2）挿図，肖像，地図等
　　（3）大きさ
　　（4）付属資料
　カ）シリーズに関する事項（使用しない）
　キ）注記に関する事項
　ク）標準番号，入手条件に関する事項（使用しない）

3.0.5　記述の精粗

　　以下に，記述の精粗について，必須，標準，詳細の別による3水準を示す。各図書館はその実情に応じて，これらに若干の書誌的事項を加えることができる。

　　ア）第1水準　必須の書誌的事項

　　　　　　本タイトル△／△最初の責任表示．△―△製作年．△―△資料の数量

　　イ）第2水準　標準の書誌的事項

　　　　　　本タイトル△［資料種別］△：△タイトル関連情報△／△責任表示．△―△版表示．△―△製作地△：△製作者，△製作年．△―△資料の数量△：△挿図等△；△大きさ△＋△付属資料．△―△注記

　　ウ）第3水準　この章において規定するすべての書誌的事項

3.0.6　記録の方法

3.0.6.1（転記の原則）書写資料を記述するとき，次の書誌的事項は，原則としてその資料に表示されているままに記録する。

　　ア）タイトルと責任表示に関する事項

　　イ）版に関する事項

　　ウ）製作に関する事項

3.0.6.1A　ローマ字，キリル文字などを用いる洋資料を記述する場合，タイトルと責任表示に関する事項以外は，規定の略語（付録2参照）を使用するが，次に示す略語は，ローマ字を用いる言語による記述に使用する。ローマ字以外の言語では，これらに相当する略語を用いる。

　　　　　　et al.＝ほか
　　　　　　s.l.＝製作地不明
　　　　　　s.n.＝製作者不明

3.0.6.2（目録用の言語・文字）1.0.6.2を見よ。

3.0.6.3（文字の転記）2.0.6.3を見よ。

3.0.6.4（数字の記録）1.0.6.4を見よ。

3.0.6.5（再現不能の記号等の記録）2.0.6.5を見よ。

3.0.6.6（誤記）1.0.6.6を見よ。

3.0.6.7（ISBD区切り記号法）1.0.6.7を見よ。

3.0.6.8（記入における記述の記載位置）1.0.6.8を見よ。

3.1　タイトルと責任表示に関する事項

3.1.0　通則

　　1.1.0を見よ。

3.1.1　本タイトル

3.1.1.1（本タイトルとするものの範囲）2.1.1.1を見よ。

3.1.1.2（記録の方法）原則として，その資料の所定の情報源に表示されているままに転記する。本タイトルの一部分が2行書き，または小さな文字で表示されていても，1行書きとし，全部同じ大きさの文字で記録する。

　　　　　　浩軒公勧学説△／△浩軒△［著］
　　　　　　　（外題に「浩軒公勧学説」とあるが，「浩軒公」は小さな文字で書かれている）
　　　　　　社寺緊要諸布告布達摘録
　　　　　　　（扉題で，「社寺」と「緊要」が角書となっている）

3.1.1.2A　ルビは，それが付されている語の直後に丸がっこに入れて付記する。

味酒△（マサケ）△講記△／△大山為起△［著］

今物語国の顕言△（オキゴト）△／△斉藤義彦△［著］

3.1.1.2B 書写資料のどこにもタイトルの表示がないときは，適切な情報源による本タイトルか，目録担当者が決定した簡潔で説明的な本タイトルを補記する。補記に際しては，次のようにタイトルを付け記録する。また目録担当者が決定した旨を注記する。

ア）資料の様式あるいは内容を表す簡潔なタイトル

［日記］

［都々逸画讃］△／△春寿

［書簡］△昭和廿六年十一月十日　熱海△［より］△京都　暁烏敏△［へ］△／△徳富猪一郎

［講義録］△東京帝国大学文学部国文科

［富士谷御杖短冊］

イ）著作の知られているタイトルか，本文の冒頭の語句を表すタイトル

［歌の秘書］

［徒然草］

［遊女手鑑］

［模様染図案］

［観立行観行相似］

3.1.1.2C 合集のタイトル等で所定の情報源にその資料全体の総合タイトルが表示されていて，同時にその資料に収録されている著作それぞれのタイトルが表示されているときは，その総合タイトルを本タイトルとして記録し，それぞれの著作のタイトルは内容細目として注記の位置に記録する。(2.7.3.7 ア), 2.7.4.6 ア) 参照)

ただし，江戸時代までの資料については，資料の内容をなす各著作のタイトルは，所定の情報源に表示がなくても内容細目として注記の位置に記録する。

3.1.1.2D 資料全体に対応する総合タイトルがなく，資料の内容をなす各著作のタイトルが表示されているときは，これらのタイトルを所定の情報源に表示されている順で列記する。(2.1.5.2F 参照)

ただし，江戸時代までの資料については，資料の内容をなす各著作のタイトルが，所定の情報源に表示されていなくても次のいずれかの方式により記録する。

ア）それぞれの著作のタイトルを列記する。

かも△；△あしかり△；△ゆや△；△うとう△；△みわ

イ）総合タイトルを補記する。適切な情報源等により目録担当者が決定した総合タイトルを補記するか，または，内容をなす著作のうち主要な著作のタイトルを総合タイトルとみなして記録する。内容をなす各著作のタイトルは内容細目として注記の位置に記録する。

3.1.2 資料種別（任意規定）

1.1.2 を見よ。

3.1.3 並列タイトル

1.1.3 を見よ。

3.1.4 タイトル関連情報

3.1.4.1（タイトル関連情報とするものの範囲）1.1.4.1 を見よ。

3.1.4.2（記録の方法）タイトル関連情報は，それのかかわる本タイトル（並列タイトルの記録が先行する場合は，並列タイトル）に続けて記録する。同一著者の2以上の本タイトルに共通するタイトル関連情報は，最後の本タイトルに続けて記録する。

栄華物語系図△：△自帝王至源氏

3.1.4.2 別法　長いタイトル関連情報は注記する。

　　　　　　濤青山月の景清

　　　　　（注記「タイトル関連情報：△秋風副る琵琶の音は冷々として子を思ふ夜の鶴」）

3.1.4.2A　2以上のタイトル関連情報があるときは，所定の情報源における表示のままの順で記録する。

3.1.5　責任表示

3.1.5.1 （責任表示とするものの範囲）2.1.5.1を見よ。

3.1.5.2 （記録の方法）2.1.5.2を見よ。

3.2　版に関する事項

3.2.0　通則

　　1.2.0を見よ。

3.2.1　版表示

3.2.1.1 （版表示とするものの範囲）書写資料には出版にあたる版はないが，一つの書写資料にいくつかの稿が存在することがあり，それによって書写資料を区別できることがある。

3.2.1.2 （記録の方法）1.2.1.2の規定による。

　　　　　　第2稿

　　　　　　［増訂稿本］

3.2.2　特定の版にのみ関係する責任表示

　　1.2.2を見よ。

3.3　資料の特性に関する事項

　　書写資料の記述においては使用しない。

3.4　製作に関する事項

3.4.0　通則

3.4.0.0 （記述の意義）書写資料には，本来出版項目は存在しないが，その資料の作成された場所，作成者，作成年を記録することによって，当該資料の局地性や内容の判定に役立たせることができる。

3.4.0.1 （書誌的事項）記録すべき書誌的事項とその記録順序は次のとおりとする。

　ア）書写地

　イ）書写者

　ウ）書写年

3.4.0.2 （区切り記号法）

　ア）製作に関する事項の前には，ピリオド，スペース，ダッシュ，スペース（. △―△）を置くか，または改行して区切り記号を用いない。

　イ）書写者の前には，スペース，コロン，スペース（△：△）を置く。

　ウ）書写年の前には，コンマ，スペース（, △）を置く。

　　　　．△―△書写地△：△書写者，△書写年

3.4.0.3 （複製物）1.4.0.0Eを見よ。

3.4.1　書写地

3.4.1.1 （書写地とするものの範囲）記述対象とする資料に表示されている，その資料が書写された地名である。

3.4.1.2 （記録の方法）書写地は，所定の情報源に表示されている地名を記録する。言語によっては地名が格変化していることがあるが，このような場合もそのまま記録する。

3.4.1.2A　日本の書写地は，書写者が所在している市町村名を記録する。ただし，識別上必要があるときは，都道府県名を付記または補記する。

（注）市名の「市」は記録しない。東京都特別区は「東京」とのみ記録する。

　ただし，江戸時代までの資料については，所定の情報源に表示されている書写地をそのまま記録する。識別上必要があるときは，書写当時の都市名，国名を補記し，また地名の別称が表記されている場合は当時の一般に用いられたものを補記する。

　　　　江戸
　　　　寺町△［京都］
　　　　（書写当時の都市名を補記）
　　　　江府△［江戸］
　　　　（一般に用いられた都市名を補記）

3.4.1.2B　外国地名には，識別上必要があるときは，国名，州名を付記または補記する。

3.4.1.2C　書写地がその資料に表示されていないときは，調査もしくは推定による書写地を角がっこに入れて記録する。書写地不明のときは「［書写地不明］」と補記する。

　洋資料を記述する場合は，書写地不明に対して，略語「s.l.」などを補記する。

3.4.1.2.C 任意規定　外国の資料で書写地が不明のとき，書写した国の表示があれば国名を記録する。

3.4.2　書写者

3.4.2.1（書写者とするものの範囲）記述対象に表示されているその資料の書写に責任を有する個人や団体の名称，またはそれが識別できる表示。

3.4.2.2（記録の方法）記述対象に表示されている名称等を記録する。

3.4.2.2A　書写者が転写者であると判明した場合は，「転写」という用語を付して記録する。また，自筆であると判明した場合は，「自筆」という用語を付して記録する。書写者が著者であるのか転写者であるのか判断がつかない場合は，「写」という用語を付して記録する。書写者が不明のときは，「［書写者不明］」と補記する。

　　　　吉隆△［転写］
　　　　藤原成元△［自筆］
　　　　重綱△［写］

3.4.2.2A 別法　書写者は，これを記録しない。ただし，必要に応じ注記する。（3.4.3.2E をも参照）

3.4.3　書写年

3.4.3.1（書写年とするものの範囲）記述対象とする資料が書写された年（または日付）。

3.4.3.2（記録の方法）書写年は，書写地または書写者に続けて記録する。

3.4.3.2A　明治以降の資料については，書写年は西暦紀年で記録し，他の暦年は必要があるときは付記または補記する。

　　　　1916△［大正 5］

3.4.3.2B　明治以降の資料については，書写年の記載および序文，跋文等に表示された年がないか，あるいは表示されている情報が記録するのに適切でない場合は，おおよその書写年代を推定し，これを西暦紀年で角がっこに入れて記録する。

　　　　［1900 頃］

3.4.3.2B 別法　明治以降の資料については，資料に表示されている紀年をそのまま記録する。

　表示されている西暦紀年を付記し，表示のないときは補記する。

3.4.3.2C　江戸時代までの資料については，表示されている紀年が書写年として適切な場合は，そのまま記録する。表示されている西暦紀年を付記し，表示がないときは，相当する西暦紀年を補記する。

　　　　文政元△［1818］
　　　　寛永 14 △［1637］

干支による表記は，可能であれば，相当する元号と年数によるその国の紀年に読み替えて記録する。干支による表記は注記することができる。読み替えができない場合は，推定による補記の扱いとする。

　　　　享保 10 △ ［1725］
　　　　　（注記「奥書には「享保乙巳」とあり」）

　　書写年を推定により補記する場合は，元号と年数によるその国の紀年を角がっこに入れて記録し，丸がっこに入れて西暦年を付記する。干支による表記がある場合は注記する。

　　　　［正保 3 △（1646）］
　　　　［明和 8 △（1771）］
　　　　　（注記「奥書に「辛卯」とあり」）

　　書写年の記載および序文，跋文等に表示された年がないか，あるいは表示されている情報が記録するのに適切でない場合は，おおよその書写年代を推定し，これを角がっこに入れて記録する。干支による表記がある場合は注記する。書写年がどうしても推定できない場合は，「［書写年不明］」と補記する。

　　　　［江戸初期］
　　　　［天文頃］
　　　　［慶長年間］
　　　　［清］
　　　　［江戸中期］
　　　　　（注記「壬辰序あり」）

3.4.3.2D　書写年が 2 年以上にわたるときは，書写開始の年と終了の年をハイフンで結び包括的な記録とする。

　　　　1906 - 1909
　　　　文化 6 - 文政 9 △［1809 - 1826］

3.4.3.2E　書写者を省いた場合，書写年のあとに書写の表示があればそのまま記録し，それが表示されていない場合は，「［写］」を付記または補記して記録する。（3.4.2.2A 別法をも参照）

　　　　大阪，△ 1928 △［写］
　　　　江戸，△文政 12 △［1829］△［写］

3.5　形態に関する事項

3.5.0　通則
　　1.5.0 を見よ。

3.5.1　資料の数量

3.5.1.1（記録するものの範囲）1.5.1.1 を見よ。

3.5.1.2（記録の方法）2.5.1.2 の規定による。

　　　　30 丁
　　　　93 通
　　　　1 綴△（5 通）

3.5.2　挿図，肖像，地図等
　　必要があるときは，挿図，肖像，地図等について記録する。

　　　　30 丁△：△挿図△（10 図）△；△23cm

3.5.3　大きさ

3.5.3.1（大きさとするものの範囲）1.5.3.1 を見よ。

3.5.3.2（記録の方法）大きさは外形の高さをセンチメートルの単位で，端数を切り上げて記録する。

3.5.3.2 別法　センチメートルの単位で小数点以下 1 桁まで端数を切り上げて記録する。尺・寸等の単位や

糘等の表記は使用しない。

3.5.3.2A　2点以上の部分からなる，大きさの異なる資料は，最小のものと最大のものをハイフンで結んで記録する。

3.5.3.2B　外形の高さが 10 cm 以下のものは，センチメートルの単位で小数点以下1桁まで端数を切り上げて記録する。

3.5.3.2C　縦長本，横長本，枡型本は，縦，横の長さを「×」印で結んで記録する。

3.5.3.2C 任意規定　常に縦，横の長さを「×」印で結んで記録する。また，大きさを書型に対応させた用語や料紙の使い方を丸がっこに入れて記録することができる。

　　　　29 丁△；△ 26.8 × 19.8cm △（大）

　　　　4 枚△；△ 15.0 × 30.4cm △（折紙）

3.5.3.2D　巻ものは料紙の高さを，畳ものは拡げた形の縦，横の長さを「×」印で結んで記録する。畳ものは，折りたたんだときの外形の縦，横の長さを付記する。

3.5.4　付属資料

3.5.4.1（付属資料とするものの範囲）ある書写資料に付属している資料。複合媒体資料の別個の部分を含む。

3.5.4.2（記録の方法）2.5.4.2 を見よ。

3.6　シリーズに関する事項

　　原則としてシリーズに関する事項の規定は用いない。

3.7　注記に関する事項

3.7.0　通則

　　1.7.0 を見よ。

3.7.1　注記

　　1.7.1 を見よ。

3.7.2　記録の方法

　　1.7.2 を見よ。

3.7.3　注記の種類

3.7.3.0（下記の特定事項に属さない注記）

　ア）書誌的事項の誤記，誤植を正しい形に訂正して記録したときは，もとの形を注記する。

　イ）著作の様式および言語に関する注記

　ウ）その他記述一般に関する注記

　エ）利用の条件に関する注記

　　　　閲覧のみ許可，複写は不可

　　　　寄託者の許可が必要

3.7.3.1（タイトルに関する注記）2.7.3.1，2.7.4.1 の規定による。

3.7.3.2（責任表示に関する注記）2.7.3.2，2.7.4.2 の規定による。

3.7.3.3（版および書誌的来歴に関する注記）2.7.3.3，2.7.4.3 の規定による。

3.7.3.4（製作に関する注記）

　ア）書写者は，これを注記する。（3.4.2.2A 別法参照）

　　　　書写者：△「夏目漱石」とあり

　　　　書写者不明

　イ）署名があればその旨注記する。

　　　　署名あり

　ウ）自筆である場合，説明する必要があるときは注記する。（3.4.2.2A 別法参照）

　　　　　自筆本
　エ）書写の手段等を注記する。
　　　　　ペン写
　オ）その資料の内容が成立した年が判明している場合は，これを注記する。
　カ）書写を命じた依頼者などが判明した場合，説明する必要があるときは，注記する。
3.7.3.5（形態に関する注記）
　ア）ページ数，丁数について説明する必要があるときは注記する。（2.5.1.2 参照）
　イ）挿図，肖像，地図等について説明する必要があるときは注記する。（3.5.2 参照）
　ウ）大きさについて説明する必要があるときは注記する。（3.5.3 参照）
　エ）付属資料　注記するときは最初に「付属資料」と記録し，付属資料が独立のページ付や丁付，異なった種類の図版，異なった大きさをもつときは，これを付記する。（2.5.4.2 別法2 参照）
　オ）形態的に独立した，付属資料としては扱わない付録，解説等が含まれているときは注記する。
　カ）書写の種類について説明する必要があるときは注記する。
　　　　　奈良絵本
　キ）装丁
　　　袋綴じ（線装）以外の装丁について記録する。（2.5.1.2G 参照）
　　　　　懐紙
　　　　　列帖装
　　　袋綴じ（線装）の様式等について説明する必要があるときは注記する。
　　　　　三つ目綴じ
　　　　　康熙綴じ
　　　　　亀甲綴じ
　　　帙，箱等について説明する必要があるときは注記する。
　　　　　蒔絵箱入り
　　　　　士朗箱書：「芭蕉真蹟」
　　　原装について説明する必要があるときは注記する。（2.5.1.2G 参照）
　ク）料紙，表紙について説明する必要があるときは注記する。
　　　　　料紙は継紙
　　　　　共紙表紙
　ケ）付箋，貼りこみ等について説明する必要があるときは注記する。
　　　　　「神武天皇聖蹟調査関係書類」との付箋あり
　　　　　押紙補注あり
　コ）虫損等で保存状態がよくないもの，補修があるものについて，必要があるときは注記する。
　　　　　虫損あり（裏打ち補修あり）
　　　　　破損・汚損あり
3.7.3.6（シリーズに関する注記）2.7.3.6 の規定による。
3.7.3.7（内容に関する注記）2.7.3.7，2.7.4.6 の規定による。
3.7.3.8（識語およびその他の書き入れ等に関する注記）2.7.4.7 の規定による。
3.7.3.9（残欠に関する注記）2.7.4.8 の規定による。
3.7.3.10（伝来に関する注記）2.7.4.9 の規定による。
3.8　標準番号，入手条件に関する事項
　　標準番号，入手条件に関する事項の規定は用いない。

第2・3章関連用語解説案(2004.12.3段階)

印行年　和古書，漢籍で，その図書が実際に印刷された年をいう。

奥書　和古書，漢籍で，図書または本文の末尾に記された文章をいう。著者，書写者，校合者，所蔵者等が，著述，書写，校合，伝来等の事情について記したもの。

界線　料紙や書写，印字面の上下の境界や行の境を示すために，規則的に引かれる線をいう。

刊行年　和古書，漢籍で，一般に版木の彫刻・校正・印刷が終了し，出版した時点の年をいう。

漢籍　中国人の編著書で，かつ中国文で書かれたもの。狭義には1912年（辛亥革命）以前に刊行されたものをいう。ただし，民国期以降のものであっても，漢籍としての取扱いが適当である場合もある。

完本　完全に揃っている図書。→　欠本，零本

匡郭　木版本や活字本などの，版本の各丁の四周を囲む枠線のこと。線の一本のものを単辺，二本のものを双辺という。

訓点　漢文を日本文に読み下す際に原漢文の文字の四周や欄外・紙背に施す，文字や補助記号などの総称。

欠本　巻や冊が欠落していて，揃っていない図書。→　完本，零本

後印本　以前使用した，修訂のない版木を用いて，後に印刷した本。→　後修本

後修本　版木の一部分を紛失，あるいは摩滅したためなど，何らかの事情からその部分の版木を後から補修した本。写本の場合もいう。→　後印本

個別資料　単一の物的対象あるいは複数の物的対象から構成される，著作を物理的に具体化した個々の資料。

識語　和古書，漢籍で，図書についての伝来，入手の経緯，読後の感想等の情報を，その図書に書き加えた文章をいう。所蔵者や読者が記載したもの。

書型　用紙の大きさを基準にした図書の大きさ。

書誌的巻数　著作の成立時，あるいは初期の刊行(製作)時の巻数を，物理的な現況にもとづく巻数と区別する場合にいう。

旋風葉（センプウヨウ）　折本から変化した装丁で，前後の表紙と背の部分を一枚の紙で続け，これで折本の本紙を背から包むようにしたもの。背は糊付けされていないために，表紙を開くと連続した本紙が翻る。

蔵版印　蔵版者であることを証明するために蔵版者が捺す印章。見返しの蔵版者名の下か，奥付，もしくは，封切り紙の継ぎ目や中央などに捺す。→　蔵版者

蔵版者　版木の株を所蔵し，出版する権利をもつ者。→　蔵版印

版式　版本の版面の様式をいう。漢籍では款式の語を用いる。整版，活字版，拓印の三様式がある。

版心　袋綴じの図書について，紙の中央の折り目に当たる部分。書名，巻数，丁付等が，彫り込まれる。

袋綴じ　二つ折りにした紙を重ね，折り目でない方を糸で綴じた形の装丁。和装本の最も一般的な形である。線装本ともいう。

枡型本　枡の形すなわち正方形（ほぼそれに近い形をも含む）の形態の冊子本。

零本　欠巻・欠冊が多くて，残存部分が少ない図書。端本。→　完本，欠本

和古書　日本人の編著書で，かつ日本文で書かれ，日本で書写・出版された和書のうち，主として江戸時代まで（1868年以前）に書写・刊行された図書をいう。ただし，明治期以降のものであっても，和古書としての取扱いが適当な場合もある。